Hallo an alle großen und kleinen Naturdetektive!

Wolltet ihr schon immer einmal wissen, wie die Ringelnatter ihre Angreifer abwehrt oder wie ihr einen Fledermauskasten bauen könnt?

Mit diesem spannenden Naturführer lassen sich nicht nur die Tierspuren von Fuchs und Dachs voneinander unterscheiden, sondern er bietet euch auch jede Menge Spiel, Spaß und … super Aktionen mit und in der Natur!

Darüber hinaus will jede Tierforscherexpedition gut vorbereitet sein und da kommen die vielen spannenden Hintergrundinformationen ins Spiel. Aber vielleicht wisst ihr auch schon, wie der Biber seine Augen unter Wasser schützt? Diese und alle anderen Antworten auf die Fragen im Quiz könnt ihr nämlich hier erfahren.

Noch mehr Spiele, Naturerforschungstipps und Wettbewerbe, bei denen es auch tolle Preise zu gewinnen gibt, findet ihr im Internet unter www.naturdetektive.de, einem Projekt des Bundesamtes für Naturschutz.

Jeder kann mitmachen!
Also, schaut einfach mal vorbei!

Eure

Beate Jessel
Präsidentin des Bundesamtes
für Naturschutz

Inhalt

Extras

Einführung

Hunderttausende Säugetiere, Reptilien und Amphibien leben auf unserer Erde. Sie haben das Land, das Wasser und die Luft erobert und kommen in den unterschiedlichsten Lebensräumen vor. Viele der heimischen Arten in Deutschland wohnen in Wäldern – in den Bäumen, im Unterholz, auf dem Boden oder unter der Erde. Dabei bevorzugen sie große weite Wälder, wo sie ungestört und fernab von Menschen und Straßenverkehr leben können. Außerdem bietet der Wald ihnen ausreichend Nahrung und gute Versteckmöglichkeiten.

Der Rotfuchs ist ein nachtaktives Tier.

Denn ein Großteil der Tiere, die im Wald leben, ist sehr scheu. Außerdem sind viele Waldtiere dämmerungs- und nachtaktiv und gehen in der Dunkelheit auf Beutefang. Manche Amphibien und Reptilien, die es gerne kühl und feucht mögen, fühlen sich in Wäldern besonders wohl. Andere Arten bevorzugen wiederum offene Landschaften wie Wiesen und Felder. Dort leben sie meist zwischen hohen Pflanzen, wo sie genug zu fressen oder einen geeigneten Unterschlupf finden. Einige Amphibien und auch manche Säugetiere hingegen bevorzugen Moore, Sumpfgebiete oder Gewässer.

Der Wald ist für viele Tiere ein wichtiger Lebensraum.

Willst du ein echter Naturdetektiv werden?

Dann informiere dich auch im Internet unter www.naturdetektive.de. Dort findest du Hinweise zum Projekt „Naturdetektive" des Bundesamtes für Naturschutz und viele spannende Auskünfte über unsere heimische Tier- und Pflanzenwelt. Mach mit und erkunde die Natur!

Säugetiere

Säugetiere sind die höchstentwickelten Wirbeltiere. Weil es so viele verschiedene davon gibt, hat man sie noch einmal unterteilt, beispielsweise in Raubtiere, Paarhufer, Hasenartige, Nagetiere, Insektenfresser und Fledertiere.

Alle Säugetiere haben gemeinsame, unverwechselbare Merkmale: Die Weibchen säugen ihre Jungen mit Milch. In der Regel tragen Säugetiere ein Haarkleid. Sie sind gleichwarm, das heißt, ihre Körpertemperatur bleibt unabhängig von der Temperatur der Umgebung immer gleich. Alle Säugetiere atmen durch Lungen.

Die Höheren Säugetiere bringen lebende, im Mutterleib voll entwickelte Junge zur Welt. Diese werden nach der Geburt gesäugt. Beutelsäuger gebären ebenfalls lebende Junge, die aber winzig und noch nicht voll entwickelt sind. Sie wandern in den Beutel der Mutter und saugen sich dort an den Zitzen fest. Erst wenn sie voll entwickelt sind, verlassen sie den Beutel.

Wildschweine zählen zu den Paarhufern.

Kloakentiere (zum Beispiel das Schnabeltier) haben eine Kloake, eine gemeinsame Öffnung für Ausscheidungs- und Fortpflanzungsorgane. Sie legen Eier, die sie bebrüten. Die ausgeschlüpften Jungen werden gesäugt.

Der Waschbär ist ein nachtaktives Tier.

Das Känguru ist ein Beutelsäuger.

Manche Arten sind am Tag aktiv, andere in der Dämmerung oder nachts. Ein Teil der Säugetiere ernährt sich rein pflanzlich, andere Tiere dagegen sind Fleischfresser. Wieder andere nehmen fast alles zu sich, was sie finden können. Sie sind also Allesfresser.

Amphibien

Der Begriff Amphibia ist griechisch und bedeutet in etwa „doppellebig". Die Amphibien oder Lurche haben diesen Namen deshalb erhalten, weil sie sowohl an das Leben im Wasser als auch an das Leben an Land angepasst sind.

Auch Delfine gehören zu den Säugetieren.

Säugetiere haben es nicht nur geschafft, alle Kontinente (Landsäuger) und alle Meere (Meeressäuger) zu besiedeln, sondern auch die Luft (Fledermäuse). Sie sind fast in allen Lebensräumen zu finden – im Tiefland, im Hochgebirge, in gemäßigten Regionen, in Wüsten, in den Tropen und sogar in den eisigen Polargebieten. Nur in der Tiefsee findet man sie nicht.

Frösche bilden eine Unterordnung der Amphibien.

Sie werden in drei Ordnungen unterteilt: Schwanzlurche (Molche, Salamander), Froschlurche (Frösche, Kröten, Unken) und Schleichenlurche.

Die meisten durchlaufen ein Larvenstadium im Wasser, bevor sie eine Verwandlung durchmachen und an Land leben können. Ihre glatte oder warzige Haut ist mit zahlreichen, oft giftigen Drüsen versehen. Lurche nehmen Wasser über die Haut auf. Sie können ausgezeichnet sehen und riechen, hören aber meist nicht gut.

Die meisten Amphibien legen den Laich, also ihre Eier, ins Wasser, wo sich die Kaulquappen entwickeln. Diese atmen durch Kiemen, die bei den erwachsenen Tieren verschwinden. Nach der Verwandlung verlassen die Tiere das Wasser und leben an Land weiter. Einige Arten legen keine Eier, zum Beispiel der Alpensalamander, sondern bringen fertig entwickelte Junge zu Welt. Sie sind also lebend gebärend.

Froschlarven nennt man Kaulquappen.

Als wechselwarme Tiere sind Amphibien von der Temperatur der Umgebung abhängig. Bei sehr tiefen Temperaturen fallen sie in eine Kältestarre. Alle Amphibien sind Fleischfresser und ver-

Ein Frosch sitzt auf einem Seerosenblatt.

speisen gerne kleine Insekten, Spinnen, Schnecken und Würmer. Während die Larven der Froschlurche sich hauptsächlich pflanzlich ernähren, sind Molchlarven reine Fleischfresser.

Amphibien leben sowohl an Land als auch im oder am Wasser und sind sehr scheu. Um sich vor Fressfeinden zu schützen oder aber um nicht auszutrocknen, werden sie erst in der Nacht aktiv. Froschlurche findet man auf allen Erdteilen, die Antarktis ausgenommen. Auch Schwanzlurche sind, mit Ausnahme von Australien, weltweit verbreitet.

Reptilien

Reptilien werden in vier Gruppen unterteilt: Schildkröten, Krokodile, Schuppenkriechtiere (Echsen und Schlangen) und Brückenechsen (Tuataras), von denen es nur noch zwei Arten gibt. Deren Eier werden nämlich oft von Hunden, Katzen, Ratten oder Mäusen zerstört.

Ein Mississippi–Alligator

Reptilien haben einen Schwanz und eine mit Hornschuppen bedeckte Haut, die dadurch vor dem Austrocknen und vor Verletzungen geschützt ist. Schlangen und Echsen häuten sich regelmäßig, da ihre Haut nicht mitwächst.

Die meisten Reptilien haben vier Gliedmaßen. Bei den Schlangen und einigen Echsen, zum Beispiel der Blindschleiche, sind die Beine zurückgebildet. Reptilien sind wechselwarm, also von der Temperatur der Umgebung abhängig. Im Gegensatz zu den Amphibien sind Reptilien meist tagaktiv. In kühlen Regionen fallen sie im Winter in eine Kältestarre. Sie haben speziell entwickelte Riechorgane und können gut sehen.

Die meisten Reptilien legen Eier, aus denen selbstständige Jungtiere schlüpfen. Einige Echsen wie Blindschleichen sowie manche Schlangen, zum Beispiel die Kreuzotter, sind lebend gebärend, das heißt, sie bringen vollständig entwickelte Junge zur Welt.

Der Großteil der Reptilien hat Zähne. Damit ergreifen und zerkleinern die Tiere ihre Beute. Schildkröten besitzen statt der Zähne scharfe Hornleisten. Der Speiseplan ist vielfältig. Schildkröten und Echsen sind größtenteils Allesfresser, Krokodile reine Fleischfresser. Sie verspeisen Fische, Vögel, andere Reptilien und sogar größere Säugetiere. Schlangen sind ebenfalls Fleischfresser und ernähren sich von Insekten, Spinnen, Fröschen und kleineren Säugetieren.

Eine Meeresschildkröte

Die meisten Reptilien leben an Land. Es gibt aber auch Wasser bewohnende Arten wie zum Beispiel Meeresschildkröten, Krokodile und einige Schlangen.

Auch Chamäleons gehören zu den Reptilien.

Säugetiere, Reptilien und Amphibien beobachten

Möchtest du zum Tierforscher werden und Säugetiere, Amphibien und Reptilien beobachten? Zunächst solltest du wissen, welche Arten bei uns heimisch sind, welche Lebensräume sie bewohnen und zu welcher Tageszeit sie unterwegs sind. Erst dann kannst du losmarschieren. Du brauchst natürlich eine Grundausrüstung: ein Fernglas, einen Fotoapparat, einen Notizblock und Stifte.

An einem Teich kannst du viele Tiere entdecken.

Jeder Tierforscher braucht ein Fernglas.

Zuerst einmal musst du auf Spurensuche gehen. Sieh dich nach Fußabdrücken und Kotspuren von Säugetieren um. Vielleicht entdeckst du auch ein Nest oder eine Wasserstelle, an der die Tiere häufig trinken. Dort, wo du die meisten Spuren findest, kannst du bestimmt eine Menge Tiere beobachten.

Reptilien sonnen sich gerne auf Steinen oder Baumstämmen, wo du sie leicht entdecken kannst. Amphibien hingegen bevorzugen feuchte Lebensräume. Suche daher unter Steinen, auf Bäumen oder am Wasser – vielleicht sogar an eurem Gartenteich – nach ihnen.

Denk daran, dass die meisten Tiere sehr scheu sind und sich zurückziehen, sobald ein Mensch naht. Bewege dich also immer leise und langsam.

Du darfst keines dieser Tiere fangen und mitnehmen! Viele von ihnen stehen unter Naturschutz. Beobachte sie durch das Fernglas, fotografiere sie und mache Notizen und Zeichnungen.

Viele Tiere stehen unter Naturschutz.

Säugetiere

Rotfuchs

Kopf-Rumpf-Länge: 60 bis 70 cm
Schwanzlänge: 30 bis 50 cm

Merkmale

Der Rotfuchs ist ein Raubtier, das mit dem Hund und Wolf nah verwandt ist. Da sein Fell an der Oberseite rötlich gefärbt ist, nennt man ihn Rotfuchs. Am Bauch und an der Schnauze ist er weiß.

Zwar sieht der Fuchs dem Haushund ziemlich ähnlich, er hat aber kürzere Beine und einen längeren Körper.

Ein Rotfuchs auf einer Wiese

Typisch für den Fuchs ist der dicke, buschige Schwanz, der an der Spitze weiß oder dunkel gefärbt ist. Bei Kälte kann der Fuchs seinen langen Schwanz als kuschelige Decke benutzen.

Der Rotfuchs hat ein rötliches Fell.

Lebensraum

Der nachtaktive Rotfuchs ist ein Waldbewohner, lebt aber auch an Waldrändern und in Parks. Er bewohnt unterirdische Baue, die er selbst gräbt oder von anderen Tieren übernimmt. Als ein Allesfresser verspeist er Mäuse, Regenwürmer und Vogeleier ebenso wie Früchte und Beeren oder sogar Aas. Die Jungen kommen im Frühsommer zur Welt. Bereits mit fünf Monaten sind sie erwachsen und verlassen die Mutter.

Schon gewusst?

Der Geruchs- und Gehörsinn des Fuchses funktioniert ausgezeichnet. So kann ihm auch die kleinste Maus nicht entkommen. Außerdem nimmt er mit den vielen Tasthaaren an der Schnauze jede Bewegung und Erschütterung wahr.

Wolf

Merkmale

Der Wolf ist der wilde Vorfahre unserer Haushunde. Er sieht dem Schäferhund ziemlich ähnlich, ist aber massiger gebaut und hat längere Beine und einen kürzeren Hals. Das Fell ist hauptsächlich grau gefärbt. Es kann aber mit einigen gelblich grauen, graubraunen oder dunkelgrauen Haaren durchsetzt sein.

Kopf-Rumpf-Länge: 1 bis 1,5 m
Schwanzlänge: 30 bis 50 cm

Schon gewusst?

Nachts heulen Wölfe oft, um andere Rudel von ihrem Revier fernzuhalten. Auf diese Weise versichern sie sich gegenseitig: „Wir gehören zusammen und gemeinsam sind wir stark."

Lebensraum

Da er sehr anpassungsfähig ist, fühlt sich der Wolf in den unterschiedlichsten Lebensräumen wohl. Das dämmerungs- und nachtaktive Tier lebt meist in Rudeln, in denen eine strenge Rangordnung herrscht. Jedes Rudel hat ein eigenes Revier, in dem die Wölfe nach Huftieren, aber auch nach Hasen und Mäusen jagen. In Europa wurde der Wolf vielerorts ausgerottet. Inzwischen wandern die Tiere aber aus Osteuropa auch wieder nach Deutschland ein.

Wolfpärchen bleiben meist ein Leben lang zusammen. Das Weibchen bringt pro Wurf vier bis sechs noch blinde Junge zur Welt, die graubraun behaart sind. Sie werden in einer Höhle geboren und großgezogen.

Ein junger Wolf

Der Wolf sieht dem Schäferhund sehr ähnlich.

Marderhund

Merkmale

Der Marderhund ist ein ostasiatischer Wildhund. Sein Aussehen erinnert stark an einen Waschbären, deshalb wird er auch Waschbärhund genannt. Der Marderhund ist etwas kleiner als der Fuchs, aber größer als eine Katze. Er hat einen gedrungenen Körper und kurze Beine. Sein braungraues Fell ist buschig.

Kopf-Rumpf-Länge: 50 bis 65 cm
Schwanzlänge: etwa 20 cm

Lebensraum

Der scheue Einzelgänger ist nachtaktiv und lebt in Wäldern mit viel Unterholz. Der Marderhund ist ein Allesfresser und verspeist Mäuse, Vögel, Eier, Fische, Frösche und Insekten ebenso wie Eicheln, Früchte und Wurzelknollen. Auch verendete Tiere lässt er nicht liegen.

Marderhunde halten Winterruhe und zehren von ihrer Fettschicht, die sie sich im Sommer angefressen haben. Das Weibchen bringt sechs bis sieben Junge zur Welt, die noch blind sind und ein schwarzes Fell tragen. Sie werden von beiden Elternteilen umsorgt.

Der Marderhund ähnelt einem Waschbären.

◀ Schon gewusst? ▶

Der in Ostasien heimische Marderhund wurde im 19. Jahrhundert in Westrussland für die Pelzzucht eingeführt. Viele Tiere wurden wieder ausgesetzt und breiteten sich später Richtung Westen aus. Inzwischen gibt es die Marderhunde auch in einigen Regionen Deutschlands.

Wildkatze

Kopf-Rumpf-Länge: 45 bis 80 cm
Schwanzlänge: 21 bis 37 cm

Merkmale

Wildkatzen sind Verwandte unserer Hauskatzen. Allerdings sind sie etwas größer und molliger als ihre zahmen Vettern. Die Wildkatze sieht einer graubraun getigerten Hauskatze sehr ähnlich. Ihr Fell ist jedoch dicker und auf dem Rücken verläuft ein schwarzer Strich. Der Schwanz ist buschiger und schwarz geringelt und endet in einer schwarzen Spitze.

Wildkatzen sind größer als Hauskatzen.

Lebensraum

Die Wildkatze braucht einen Lebensraum mit viel Felsen und Gebüsch, in dem sie gute Verstecke und reichlich Nahrung finden kann. Weil Wildkatzen nicht gerne gestört werden wollen, bevorzugen sie große weite Wälder. In Deutschland ist die Wildkatze immer noch sehr gefährdet.

Schon gewusst?

Die Wildkatze lauert wie die Hauskatze vor Mauselöchern oder schleicht sich lautlos an ihre Beute heran. Mit einem Sprung stürzt sie sich auf das Opfer, packt es mit den scharfen Krallen und tötet es mit einem Biss in den Nacken.

Jedes Tier hat sein eigenes Jagdrevier. In der Dämmerung und nachts macht sich die Wildkatze auf die Suche nach Mäusen, Kaninchen und kleinen Vögeln. Aber auch Wühlmäuse oder Maikäfer stehen auf ihrer Speisekarte. Hohle Baumstämme oder Felsspalten dienen dem Tier als Unterschlupf. Das Weibchen bringt pro Wurf zwei bis sechs Junge zur Welt, die nach einem Jahr ausgewachsen sind.

Eine junge Wildkatze

Luchs

Kopf-Rumpf-Länge: 80 cm bis 1,3 m
Schwanzlänge: 15 bis 25 cm

Lebensraum

Der Luchs lebt als Einzelgänger in großen Wäldern. In Mitteleuropa wurde er fast überall ausgerottet. Er jagt meist in der Dämmerung oder nachts Rehe, Gämsen und andere Huftiere. Aber auch Hasen- und Nagetiere, Füchse, Marder und Vögel findet man auf seinem Speiseplan. Tagsüber ruht er sich in Nischen und Höhlen aus. Jeder Luchs hat in seinem Revier mehrere Ruheplätze. Das Weibchen bringt zwei bis fünf Junge zur Welt, die ein Jahr bei der Mutter bleiben.

Merkmale

Der Eurasische Luchs ist die größte Raubkatze, die es in Europa gibt. In Mitteleuropa wurde er vor langer Zeit ausgerottet, aber inzwischen wieder angesiedelt. Durch sein gelblich graues bis rotbraunes Fell ist er im Wald perfekt getarnt.

Die Raubkatze trägt einen Backenbart, der wie eine Mähne aussieht. An den Ohren hat der Luchs lange Haarpinsel, die ihm helfen, im dichten Wald besser zu hören. Da seine Vorderbeine etwas kürzer sind als die Hinterbeine, kann er gut springen.

Schon gewusst?

Der Luchs kann im Dunkeln sechsmal so gut sehen wie der Mensch. Ein Kaninchen entdeckt er schon auf 300 Meter Entfernung. Auch hört er das leiseste Rascheln im Gras und macht sich auf und davon, bevor wir ihn zu Gesicht bekommen.

An den Ohren hat der Luchs lange Haarpinsel.

Ein Luchs im Schnee

Dachs

Merkmale

Der Dachs trägt eine charakteristische schwarz-weiße Gesichtsmaske. Die kleinen schwarzen Ohren haben einen weißen Rand. Sein massiger Körper ruht auf relativ kurzen, stämmigen Beinen und großen Füßen mit langen starken Krallen.

Kopf-Rumpf-Länge: 60 bis 75 cm
Schwanzlänge: 11 bis 24 cm

Schon gewusst?

Die Eingänge eines Dachsbaus führen bis zu fünf Meter tief in die Erde und können bis zu 100 Meter lang sein! Meist leben dort viele Generationen von Dachsen.

Seine Höhle gräbt er mit den kräftigen Krallen. Mit seiner langen Schnauze kann er gut riechen, in der Erde wühlen und Regenwürmer ausgraben. Auch Früchte, Beeren, Wurzeln, Nüsse, Samen sowie Insekten, Schnecken und junge Vögel schmecken ihm. Ein Dachsweibchen bringt im Frühjahr zwei bis fünf Junge zur Welt, die im Alter von zwei Monaten zum ersten Mal ihre Umgebung erkunden. Im Herbst verlassen sie den Bau und gründen eine eigene Familie.

Lebensraum

Das Tier bewohnt vor allem Laub- und Mischwälder. Da der Dachs nur nachts munter und ein sehr scheues Raubtier ist, bekommt man ihn selten zu sehen. Lediglich sein Bau gibt Hinweise darauf, dass er in der Nähe sein muss.

Der Dachs hat eine lange Schnauze.

Ein Dachs auf Futtersuche

Fischotter

Merkmale

Fischotter tragen Schwimmhäute zwischen den Fingern und Zehen. Damit können sie schnell schwimmen. Sie haben ein sehr dichtes Fell, das sie vor Nässe und Kälte schützt. Außerdem können sie im Wasser Ohren und Nasenlöcher verschließen.

Kopf-Rumpf-Länge: 60 bis 95 cm
Schwanzlänge: 25 bis 55 cm

Der Fischotter hat an der Schnauze viele kräftige Tasthaare.

Lebensraum

Der Fischotter gehört zu den Raubtieren, die sich besonders gut ans Wasser angepasst haben. Daher lebt der scheue Einzelgänger stets an Ufern von sauberen, fischreichen Gewässern. Allerdings ist er sehr gefährdet, weil durch den starken Straßenverkehr immer mehr Lebensraum zerstört wird. Der Fischotter ist ein hervorragender Schwimmer, bewegt sich elegant im Wasser und kann minutenlang tauchen.

Das Raubtier geht hauptsächlich nachts auf die Jagd. Der Otter frisst am liebsten Fische, aber auch Wasservögel, Frösche und Muscheln. Am Flussufer gräbt der Fischotter Baue mit einer Wohn-

kammer, einem Unterwassereingang und einem Luftschacht. Die Weibchen bekommen zwei bis vier Junge, die anfangs noch wasserscheu sind.

Ein Fischotter auf einer Eisscholle

Schon gewusst?

Fischotter können 300 Meter weit und 18 Meter tief tauchen. Aber auch an Land bewegen sie sich sehr schnell und geschmeidig. Dabei schlängeln sie sich wieselflink durchs Unterholz und stellen sich auf ihre Hinterbeine, wenn sie sich einen Überblick verschaffen wollen.

Hermelin

Kopf-Rumpf-Länge: 20 bis 33 cm
Schwanzlänge: bis 12 cm

Merkmale

Das Hermelin oder Großwiesel ist ein schlankes Raubtier. Im Sommer ist es oberseits rotbraun und unten weiß. Im Winter sind die Tiere vollständig weiß und somit im Schnee gut getarnt. Die Schwanzspitze bleibt jedoch immer schwarz.

Lebensraum

Hermeline leben an Waldrändern, in offenen Landschaften mit Hecken und Gehölzen, aber auch im Gebirge bis in

Ein Hermelin im Winter

3400 Meter Höhe. Die neugierigen Tiere sind in der Dämmerung und nachts munter. Auf ihrer Speisekarte stehen Nagetiere, Kaninchen, Reptilien, Amphibien, Vögel und Eier.

Sie beziehen gern Felsspalten, hohle Baumstämme oder verlassene Baue von Maulwürfen und Kaninchen, in denen sie allein wohnen. Dort hinein bauen sie auch ihre Nester. Das Weibchen bekommt drei bis sieben blinde Junge, die winzig und weiß behaart sind. Mit drei Monaten haben sie ihr normales Fell und werden bald selbstständig. Im Herbst verlassen sie die Mutter.

Im Sommer ist das Fell braun und weiß.

Schon gewusst?

Das weiße Winterfell des Hermelins galt immer als besonders wertvoll. Daraus wurden früher sogar Pelzmäntel für Könige gefertigt, auf die zur Verzierung die schwarzen Schwanzspitzen aufgenäht wurden. Heute werden Hermeline immer noch wegen ihres Pelzes gejagt, vor allem in Osteuropa.

Iltis

Kopf-Rumpf-Länge: 30 bis 45 cm
Schwanzlänge: 7 bis 19 cm

Lebensraum

Der Iltis lebt gern an Waldrändern, auf Wiesen und Feldern. Abends wird er munter und geht auf Nahrungssuche. Da er ein schlechter Kletterer ist, jagt er am Boden. Am liebsten verspeist er kleine Nagetiere sowie Frösche und Kröten, aber auch Fische, Vögel und deren Eier sowie Schlangen und sogar Obst.

Merkmale

Der Europäische Iltis ist eine der häufigsten Marderarten in Europa und mit dem Hermelin und dem Nerz verwandt. Er hat jedoch einen stämmigeren Körper und ist nicht so flink und beweglich wie seine Vettern. Der Iltis trägt außerdem eine typische Gesichtszeichnung in Dunkelbraun und Weiß. Sein restliches Fell ist dunkelbraun bis schwarz gefärbt. Unter dem Schwanz hat der Iltis ähnlich wie der Baummarder Stinkdrüsen.

Das Fell im Gesicht sieht aus wie eine Maske.

Schon gewusst?

Weitere Iltisarten sind der Steppeniltis, der in Europa und Asien vorkommt, und das Frettchen. Diese Haustierform setzt man oft bei der Kaninchenjagd ein.

Den Tag verschläft der Iltis in Felsspalten, Baum- oder Erdhöhlen, die er selbst gräbt oder von anderen Tieren übernimmt. Das Weibchen bringt drei bis sieben blinde Junge zur Welt.

Mauswiesel

Kopf-Rumpf-Länge: 16 bis 23 cm
Schwanzlänge: 2 bis 8 cm

se, die er bis in deren unterirdische Baue verfolgen kann. Gelegentlich verspeist das Mauswiesel auch Vögel, Eier und Eidechsen. Das Weibchen bringt drei bis sieben winzige, noch blinde Junge zur Welt, die mit etwa zwei Monaten selbstständig werden.

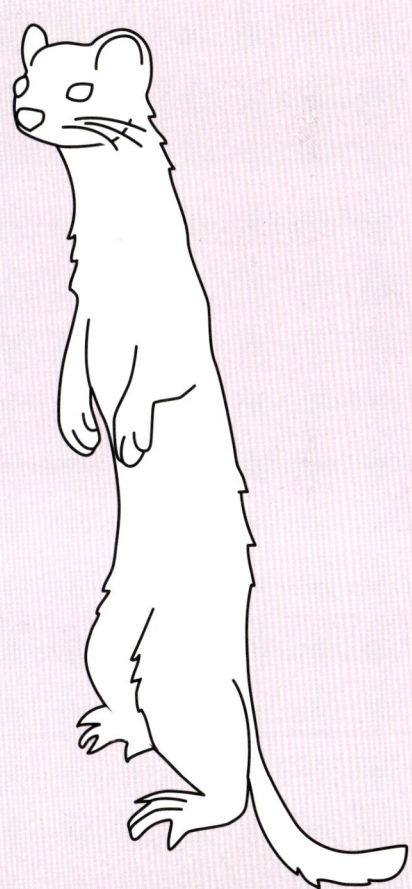

Merkmale

Das Mauswiesel oder Kleinwiesel ist eines der kleinsten Raubtiere überhaupt. Wie sein Verwandter, das Hermelin, wechselt der Winzling je nach Jahreszeit das Fell. Im Sommer ist es oberseits braun und an der Unterseite weiß gefärbt, im Winter ist es vollständig weiß.

Lebensraum

Das kleine Tier lebt an Waldrändern sowie auf Wiesen und Weiden. Als Unterschlupf dienen ihm hohle Baumstämme, Felsspalten, Steinhaufen oder Baue anderer Tiere, die das Wiesel mit trockenen Pflanzen, Haaren und Federn auspolstert. Der Einzelgänger markiert sein Revier mit einem Duftstoff, um Eindringlinge zu vertreiben. Er jagt am liebsten kleine Nagetiere wie zum Beispiel Mäu-

Schon gewusst?

Mauswiesel wurden früher als Mäusejäger gehalten. Bevor die Hauskatze um etwa 900 nach Christus nach Mittel- und Nordeuropa gebracht wurde, soll das Mauswiesel auf Bauernhöfen als Mausvertilger eine ähnliche Rolle gespielt haben wie später die Katzen.

Baummarder

Merkmale

Der Baum- oder Edelmarder hat einen lang gestreckten Körper mit ziemlich kurzen Beinen und einen buschigen Schwanz. Sein Fell ist kakaobraun. Der Baummarder trägt einen gelblichen Kehlfleck. Am Hinterteil hat er Drüsen, die einen Stoff absondern, mit dem das Revier markiert und auch Feinde vertrieben werden.

Kopf-Rumpf-Länge: 42 bis 50 cm
Schwanzlänge: 16 bis 25 cm

Schon gewusst?

Der Baummarder hat einen Vetter, der ihm sehr ähnlich sieht, den Steinmarder. Dieser ist zwar kleiner, aber dennoch schwerer und plumper als der Baummarder. Seine Nase ist dunkel gefärbt, die des Steinmarders hell. Der Kehlfleck des Steinmarders ist weiß und gegabelt.

Lebensraum

Der Marder lebt vorwiegend in Laub- und Mischwäldern. Er ist in ganz Europa verbreitet, allerdings nimmt sein Bestand ab. Der tag- und nachtaktive Räuber jagt am liebsten Mäuse, Eich-hörnchen und Vögel, frisst aber auch Insekten und Früchte. Die Nähe von Menschen meidet er.

Der Baummarder kann ausgezeichnet klettern und springen. Meist bewegt er sich hüpfend vorwärts. Für sein Nest sucht er sich meistens Baumhöhlen, Holzstöße oder verlassene Eichhörnchenkobel. Das Weibchen bekommt zwei bis fünf Junge, die noch bis zum Herbst bei der Mutter bleiben.

Der Baummarder trägt einen hellen Kehlfleck.

Ein Baummarder im Schnee

Waschbär

Kopf-Rumpf-Länge: 50 bis 70 cm
Schwanzlänge: 20 bis 25 cm

Zwei Waschbären auf einem Baum

Lebensraum

Das nachtaktive Tier lebt in gewässerreichen Laub- und Mischwäldern, aber auch in Gärten, Vororten und Parkanlagen. Tagsüber schläft der Waschbär in alten Baumhöhlen, nachts geht er auf die Jagd. Am liebsten fängt er Fische und Amphibien, aber auch Insekten, Regenwürmer und Jungvögel. Im Herbst verspeist er Beeren, Feldfrüchte und Eier.

Merkmale

Der Waschbär ist das am weitesten verbreitete Mitglied aus der Familie der Kleinbären. Typisch für dieses Raubtier ist seine schwarz-weiße Gesichtsmaske, das graubraune Fell und der schwarz-weiß geringelte Schwanz.

Der Waschbär klettert und schwimmt ausgezeichnet. Bei der Nahrungssuche tastet er mit seinen Vorderpfoten im flachen Wasser unter Steinen oder im Schlick geschickt nach Beutetieren. Das sieht aus, als wasche er seine Nahrung, daher der Name. Das Weibchen bringt zwei bis vier noch blinde Junge zur Welt, die bereits ein dünnes Fell tragen.

Ein Waschbär im Wasser

Schon gewusst?

Waschbären wurden wegen ihres Pelzes Anfang des 20. Jahrhunderts von Nordamerika nach Europa gebracht. Entlaufene Tiere haben sich mittlerweile vermehrt und fühlen sich auch bei uns wohl.

Braunbär

Kopf-Rumpf-Länge: 1,6 bis 2,5 m
Schwanzlänge: 8 bis 10 cm

Ein Braunbär im Wasser

Merkmale

Die Europäischen Braunbären sind kleiner und leichter als ihre amerikanischen und asiatischen Verwandten. Alle Braunbären haben einen massiven Kopf mit langer Schnauze und kleinen runden Ohren. Weil ihre Augen ziemlich klein sind, können sie nicht besonders gut sehen, aber umso besser hören und riechen. Das dicke Fell kann braun, aber auch rötlich, grau und schwarzbraun sein.

Lebensraum

Braunbären waren früher in ganz Europa zu Hause. Indem man sie jagte und ihren Lebensraum zerstörte, wurden sie fast vollständig ausgerottet. In Deutschland ist der Braunbär ausgestorben. Mittlerweile hat man in Österreich wieder einige Bären angesiedelt. Die Tiere sind Einzelgänger und fühlen sich in dicht bewaldeten Gebirgsregionen am wohlsten. Sie fressen nicht nur Fleisch, sondern auch Beeren, Wurzeln, Pilze, Honig und sogar Aas. Da Braunbären sehr scheu sind, sind sie meist in der Dämmerung oder nachts unterwegs.

Schon gewusst?

Braunbären verbringen die kalte Jahreszeit in Fels- oder Erdhöhlen. Während dieser Zeit nehmen sie keine Nahrung zu sich. Sie zehren von ihrer Speckschicht, die sie sich im Sommer und Herbst angefressen haben. Die Weibchen bringen in diesem Winterquartier meist zwei oder drei Junge zur Welt.

Braunbären können sehr groß werden.

Damwild

Merkmale

Das Sommerfell des Damwildes ist rotbraun und hat helle Flecke auf dem Rücken. Im Winter ist das Fell graubraun und ungefleckt. Nur die Hirsche tragen ein schaufelartig ausgebildetes Geweih, das jährlich im April abgeworfen und dann erneuert wird.

Kopf-Rumpf-Länge: 1,3 bis 1,75 m
Schwanzlänge: etwa 20 cm

Schon gewusst?

Am Hinterteil hat das Damwild einen großen hellen Fleck, den Spiegel. Er hilft dabei, das Rudel zusammenzuhalten: Die Tiere folgen immer dem Spiegel der Artgenossen, die vor ihnen herlaufen.

Lebensraum

Das Damwild bewohnt lichte Wälder mit ausgedehnten Wiesen, besiedelt aber auch Heidegebiete, Felder und hügeliges Gelände. Die Weibchen leben mit ihren Jungen in kleinen Rudeln. Junge Männchen bilden Junggesellengruppen, während ältere Hirsche einzelgängerisch leben.

Die Tiere gehen in den frühen Morgen- und Abendstunden auf Nahrungssuche. Auf der Speisekarte stehen vor allem saftiges Gras, aber auch Kräuter, junge Triebe und Flechten sowie Eicheln und Kastanien. Während der Brunft, also der Fortpflanzungszeit, kämpfen die Hirsche untereinander um die Gunst der Weibchen. Jedes Weibchen bringt mindestens ein Junges zur Welt, häufig aber auch Zwillingskälber.

Ein Damwild-Kalb

Das Sommerfell ist weiß gefleckt.

Rotwild

Merkmale

Das Rotwild verdankt seinen Namen dem rotbraunen Sommerfell. Im Winter färbt es sich graubraun. Die Hirsche tragen ein Geweih. Es besteht aus zwei Stangen mit mehreren Abzweigungen.

Kopf-Rumpf-Länge: 1,6 bis 2,5 m
Schwanzlänge: 12 bis 15 cm

Schon gewusst?

Im Herbst kann man häufig die Brunftschreie der Hirsche hören. Das sogenannte Röhren klingt dunkel und schallt weit durch den Wald. Damit wollen die Männchen die Weibchen beeindrucken.

Lebensraum

Das Rotwild ist sehr anpassungsfähig. Es bewohnt große Wälder mit Lichtungen, lebt aber auch in Gebirgswäldern oder nahezu baumfreien Landschaften. Die sehr scheuen Tiere werden erst gegen Abend munter, tagsüber verstecken sie

sich im Wald. Die Weibchen leben mit den Jungtieren zusammen in Gruppen. Die Hirsche ziehen allein durch die Wälder oder bilden ebenfalls kleine Gruppen.

Als Pflanzenfresser ernährt sich das Rotwild hauptsächlich von Gras, Kräutern und Früchten sowie von Eicheln, Bucheckern, Kastanien, Knospen und Trieben. Das Weibchen bringt meist ein Junges zur Welt. Es hat ein hell geflecktes Fell und kann schon nach ein paar Stunden auf seinen wackeligen Beinen umherlaufen. Die Jungen sind also Nestflüchter.

Ein röhrender Hirsch

Zwei Hirschkühe

Rehwild

Kopf-Rumpf-Länge: 1 bis 1,4 m
Schwanzlänge: 2 bis 3 cm

Merkmale

Rehe haben ein rotbraunes Sommer-fell, im Winter hingegen ist das Fell grau- oder dunkelbraun. Am Hinterteil befindet sich ein heller runder Fleck, der Spiegel. Die Rehböcke tragen ein Geweih, das jedes Jahr im Herbst abge-worfen wird, aber im nächsten Frühjahr wieder nachwächst.

Lebensraum

Die scheuen Tiere sind sehr anpassungs-fähig und bewohnen Wälder mit dich-tem Unterholz und Lichtungen. Aber auch auf Wiesen und Feldern fühlen sie sich wohl. Als reine Pflanzenfresser las-sen sie sich saftige Blätter, Kräuter, Bee-ren und Pilze schmecken. Sie naschen aber auch an den Trieben und Knospen von Pflanzen. Das führt oft zu erhebli-chen Schäden an jungen Bäumen. Eben-so fressen sie Getreide, Früchte und so-gar Rinde.

Ein junger Rehbock

Rehe im Winter

Schon gewusst?

In den ersten Tagen nach der Geburt bleiben Rehkitze im ho-hen Gras zurück. Sie sind aber nicht ver-waist! Stattdessen geht die Mutter auf Nahrungssuche und kommt nur, um die Jungen zu säugen. Sie bleibt aber im-mer in der Nähe, um Feinde wie Füchse und Wildschweine abzulenken.

Gämse

**Kopf-Rumpf-Länge: 1,1 bis 1,3 m
Schwanzlänge: bis 8 cm**

Merkmale

Gämsen sehen den Ziegen sehr ähnlich, haben aber ein schmutzig rotbraunes Sommerfell und einen rotgelben Bauch. Auf ihrem Rücken verläuft ein schwarzer Längsstrich, der Aalstrich. Im Winter ist das Fell dunkelbraun und weiß. Beide Geschlechter tragen Hörner.

Lebensraum

Die Tiere leben Sommer wie Winter im Hochgebirge auf steilen Felsen. Weder Kälte noch Schnee machen ihnen etwas aus. Doch manchmal müssen sie in die Bergwälder herabsteigen, um mehr Nahrung und Schutz zu finden.

Gämsen können prima klettern.

Im Sommer leben die Weibchen mit ihren Jungen in Rudeln. Weil der Tourismus im Sommer wie auch im Winter immer mehr zunimmt, wird der Lebensraum der Gämsen oft gestört.

Schon gewusst?

Gämsen sind tolle Kletterer. Jeder Huf besteht aus zwei scharfkantigen Zehen, die durch eine Haut verbunden sind und sich weit auseinanderspreizen lassen. Dadurch finden die Tiere im Schnee und auf Felsen sicheren Halt.

Was gibt es denn hier zu sehen?

Während der Brunft schließen sich den Geißen einzelne Böcke an und vertreiben fremde Männchen. Sie setzen dabei ihre Hörner ein und können ihre Rivalen sogar verletzen. Die Geiß bringt ein Junges zur Welt, das sofort stehen kann und schon bald der Mutter folgt. Gämsen ernähren sich von jungen Trieben, Kräutern und Gräsern sowie von den Nadeln der Latschenkiefer. Im Winter fressen sie auch Moos und Flechten.

Steinbock

**Kopf-Rumpf-Länge: 1 bis 1,5 m
Schwanzlänge: 15 cm**

ter Höhe in steilem, unzugänglichem Gelände, wo sie sicher von Fels zu Fels springen. Die Kletterkünstler sind wie die Gämsen tagaktiv.

Schon gewusst?

Da die Hinterbeine des Steinbocks etwas länger sind als seine Vorderbeine, kann er an stark abfallenden Hängen sicher klettern. An steilen Felswänden benutzt er kleine Spalten wie die Stufen einer Treppe.

Merkmale

Das Fell des Steinbocks ist im Sommer gelblich braun, im Winter graubraun. Beide Geschlechter tragen säbelartige Hörner, die bei den Böcken bis zu einen Meter lang werden können. Sie sind in weitem Bogen nach hinten gekrümmt. Die Böcke haben einen kleinen Kinnbart.

Auf der Speisekarte der Steinböcke stehen Kräuter, Gras, Laub und frische Triebe von Sträuchern. Die Tiere kommen aber auch mit karger Nahrung aus. Außerhalb der Paarungszeit leben die Böcke und Geißen in getrennten Rudeln. Die Geiß bringt meist nur ein Junges zur Welt, das schon nach wenigen Tagen der Mutter folgen kann – sogar in Steilhänge! Steinböcke können wie Ziegen meckern. Wenn sie ängstlich sind, blöken sie.

Der Steinbock hat lange Hörner.

Lebensraum

Nachdem man die Steinböcke fast vollständig ausgerottet hatte, sind sie heute wieder im Alpenraum heimisch. Steinböcke leben in den Hochgebirgsregionen der Alpen in 2500 bis 3500 Me-

Ein Alpensteinbock

Wildschwein

Merkmale

Das Wildschwein hat einen massigen Körper und ein borstiges, dunkelgraues bis schwarzbraunes Fell. Die ausgewachsenen Männchen, die Keiler, haben lange, äußerlich sichtbare Eckzähne, die Hauer heißen.

Kopf-Rumpf-Länge: 90 cm bis 2 m
Schwanzlänge: 15 bis 20 cm

Lebensraum

Wildschweine halten sich gerne in Laub- und Mischwäldern mit Wiesen und in Sumpfgebieten auf. Mit der langen Schnauze wühlen sie im Waldboden nach Wurzeln, Knollen, Würmern und Insekten. Bucheckern oder Eicheln sowie Feldfrüchte, Vogeleier und Mäuse schmecken ihnen ebenfalls. Wildschweine gehen sowohl tagsüber im Dickicht als auch nachts auf Nahrungssuche.

Weibchen und Jungtiere leben in sogenannten Rotten zusammen, also in Familienverbänden. Die Keiler, wie die erwachsenen Männchen auch genannt werden, sind außerhalb der Paarungszeit Einzelgänger oder leben in Junggesellentrupps. Die Bache, das Weibchen, bringt meist drei bis neun Junge zur Welt. Die Frischlinge, so nennt man die jungen Wildschweine, haben ein Fell mit hell-dunklen Längsstreifen.

Wildschweine haben ein borstiges Fell.

Schon gewusst?

Wildschweine suhlen sich gern in Schlammlöchern. Nach dem Schlammbad reiben sie ihren Körper an einem Baumstamm, um das Fell von Parasiten zu befreien. Da sie einen sehr kurzen und unbeweglichen Hals haben, können sie ihr Fell nicht mit Zunge und Zähnen sauber halten.

Feldhase

Kopf-Rumpf-Länge: 40 bis 75 cm
Schwanzlänge: 5 bis 11 cm

Merkmale

Häufig wird der Feldhase mit dem Wildkaninchen verwechselt. Er ist aber größer und hat viel längere Beine und Ohren. Diese werden etwa acht bis zwölf Zentimeter lang und haben schwarze Spitzen. Durch sein grau- bis rotbraunes Fell ist er gut getarnt. Mit seinen langen Ohren, den sogenannten Löffeln, kann er außerdem sehr gut hören, sieht dafür aber ziemlich schlecht.

Schon gewusst?

Der Lebensraum des Feldhasen wird durch die starke Bewirtschaftung der Felder immer kleiner. Daher steht er in Deutschland mittlerweile auf der Roten Liste.

Lebensraum

Feldhasen bewohnen Felder mit Hecken und Büschen sowie lichte Wälder. Die Tiere sind Einzelgänger und in der Dämmerung und nachts aktiv.

Der Feldhase ist ein Pflanzenfresser.

Bei Gefahr drückt sich der Hase in eine Mulde am Boden und lässt den Verfolger bis auf wenige Meter herankommen. Erst dann ergreift er die Flucht, macht hohe Sprünge und schlägt Haken. Er kann dabei bis zu 50 Kilometer je Stunde schnell werden! Übrigens sind Feldhasen gute Schwimmer!

Der Pflanzenfresser ernährt sich von Getreide, Gräsern, Kohl und Rüben, die er mit seinen scharfen Schneidezähnen zerkleinert. Das Weibchen bekommt drei- bis viermal im Jahr jeweils zwei bis vier behaarte Junge, die bereits bei der Geburt sehen können.

Mit den langen Ohren kann der Feldhase gut hören.

Schneehase

Kopf-Rumpf-Länge: 45 bis 60 cm
Schwanzlänge: 4 bis 8 cm

Merkmale

Der Schneehase ähnelt dem Feldhasen, ist aber kleiner und hat einen rundlicheren Körper und kürzere Ohren. Im Sommer trägt er ein graubraunes Fell, das sich im Winter weiß färbt. Die Ohrenspitzen bleiben auch im Winter schwarz.

Lebensraum

Das Tier lebt in lichten Wäldern, Moorgebieten und im Hochgebirge. Der Schneehase ist nachtaktiv und versteckt

sich am Tag in einer Mulde im Schnee oder im Erdboden. Anders als der Feldhase ist er kein Einzelgänger, sondern lebt meist in kleineren Gruppen.

Als Pflanzenfresser ernährt sich der Schneehase hauptsächlich von Gräsern und Kräutern. Im Winter ist er durch sein weißes Fell sehr gut getarnt. Das Weibchen bringt zwei- bis dreimal im Jahr jeweils zwei bis vier Junge zur Welt. Die Jungen haben bereits ein Fell und sind voll entwickelt. Daher können sie das Nest schon bald nach der Geburt verlassen.

Schon gewusst?

Die Pfoten des Schneehasen sind ziemlich breit und dicht behaart, besonders seine Hinterpfoten. Dadurch wirken sie wie Schneeschuhe und sinken auch im tiefen Schnee nicht ein. So kann der Hase sogar auf einer dicken Schneedecke seine Haken schlagen und den Verfolgern entkommen.

Ein Schneehase im Sommerkleid

Wildkaninchen

Kopf-Rumpf-Länge: 35 bis 50 cm
Schwanzlänge: 4 bis 7 cm

nähren sich vor allem von Gräsern und Kräutern, mögen aber auch Knospen, Blätter, Rinde und junge Wurzeln. Auf Feldern fressen sie Getreide, Salat und Gemüse. Das Weibchen bringt mehrere Male im Jahr fünf bis zwölf noch nackte und blinde Junge zur Welt, die erst nach vier Wochen das Nest verlassen.

Schon gewusst?

Wenn Kaninchen sich gegenseitig vor einer Gefahr warnen wollen, klopfen sie mit den Hinterläufen laut auf die Erde. Das ist für die anderen Kaninchen ein deutliches Warnsignal.

Merkmale

Wildkaninchen sind die kleineren Verwandten des Feldhasen, haben aber kürzere Löffel. Diese werden etwa sechs bis acht Zentimeter lang und haben keine schwarzen Spitzen. Das Fell ist auf der Oberseite bräunlich bis rotbraun oder graubraun, der Bauch weißlich. Der Schwanz, die sogenannte Blume, sieht wie ein Wollbommel aus.

Lebensraum

Die Kaninchen halten sich in offenen und trockenen Landschaften auf, aber auch in lichten Wäldern, an Waldrändern, in Parks und auf Feldern. Die dämmerungsaktiven Tiere leben in Gruppen zusammen: Weibchen, Männchen und Jungkaninchen. Sie graben unterirdische Baue mit langen Gängen und mehreren Wohnkesseln.

In der Dämmerung und nachts gehen sie auf Nahrungssuche, tagsüber bleiben sie in ihrem Bau. Wildkaninchen er-

Wildkaninchen kann man leicht mit Hasen verwechseln.

Auf Spurensuche

Fußabdrücke von Säugetieren gehören zu den Tierspuren, die du am eindeutigsten zuordnen kannst. Den Abdruck des einzelnen Fußes nennt man Trittsiegel; die Abdrücke aller Füße bei der Bewegung eines Tieres ergeben das Trittbild. Eine Trittreihe von Pfotenabdrücken bezeichnet man als Spur, diejenige von Hufen als Fährte. Im feuchten Sand des Ufers, auf lehmigem Boden in der Nähe eines Gewässers und in einer festen Schneedecke sind Tierspuren sehr gut zu erkennen.

Einige Waldbewohner und ihre Fußspuren:

Wildschwein: Die Fußspuren des Wildschweins erkennt man an den zwei kleinen Abdrücken am hinteren Rand des Hufs, den sogenannten Afterzehen. Die Trittgröße entspricht der des Rothirsches. Der Schritt ist allerdings kürzer.

Länge: 3 bis 5 cm, Breite: 7 bis 9 cm

Rehwild: Die beiden schmalen Hufe des Rehwildes hinterlassen einen spitz zulaufenden Abdruck im Boden. Das Trittsiegel bei Böcken und Ricken ist etwa gleich groß.

Dachs: Der Dachs drückt den Vorderfuß meist nur bis zum Hauptballen auf. Beim Hinterfuß ist oft die ganze Sohle abgezeichnet, einschließlich der auffallend langen Krallen.

Länge: 4 cm, Breite: 3 cm

Länge: 5 bis 6,5 cm, Breite: 3,5 bis 4 cm

Rotwild: Die Abdrücke vom Rotwild sind größer als die der Rehe. Der Vorderfußabdruck des Männchens ist etwa zwei Zentimeter größer als der des Weibchens.

Länge: bis 9 cm, Breite: bis 8 cm

Fuchs: Der Fuchs hinterlässt einen länglichen Fußabdruck, ähnlich dem eines Hundes. Der Vorder- und Hinterfußabdruck sind fast gleich groß.

Länge: 5 cm, Breite: 4 bis 4,5 cm

Feldhase: Die Fußabdrücke des Feldhasen ähneln denen des Wildkaninchens, sind aber deutlich größer. Im Schnee sind die Abdrücke sogar noch größer!

Länge: 5 bis 6 cm, Breite: 3 bis 3,5 cm

Eichhörnchen: Das Eichhörnchen stellt die Hinter- vor die Vorderfüße. Der Hinterfußabdruck ist größer als der Vorderfußabdruck. Auch sind seine Krallen deutlich zu sehen.

Länge: 4 cm, Breite: 2 cm

Biber

Kopf-Rumpf-Länge: 80 cm bis 1 m
Schwanzlänge: 20 bis 35 cm

Merkmale

Der Biber hat ein besonders dichtes braunes Fell, das ihn auch im Wasser warm hält. Kennzeichnend ist sein abgeplatteter, unbehaarter Schwanz, die sogenannte Kelle. Sie dient als Stütze und Ruder. Ebenso auffällig sind die Schwimmhäute an den Zehen der Hinterfüße.

Der abgeplattete Schwanz ist ein typisches Kennzeichen des Bibers.

Lebensraum

Biber leben an und in stehenden oder langsam fließenden Gewässern sowie in Mündungsgebieten. An Uferböschungen oder im flachen Wasser bauen sie Burgen aus Reisig, Schilf und Schlick und stauen Bäche auf. Mit seinen Nagezähnen, die bis zu 3,5 Zentimeter lang und an der Spitze wie ein Meißel zugeschliffen sind, fällt der Biber Baumstämme. Er braucht sie aber auch zum Fressen von Blättern, Rinde, Zweigen und Schilfstängeln.

Die berühmten Biberdämme schützen nicht nur den unter Wasser liegenden Eingang des Baus, der Biberburg, sondern regeln gleichzeitig den Wasserstand des Wohngewässers. Diese Dämme sind etwa einen Meter hoch und können bis zu 100 Meter lang sein! In der Biberburg leben die Biber mit ihren zwei bis vier Jungen, die bei der Pflege der Burgen und Dämme bereits mithelfen müssen.

Ein angenagter Baumstamm

Schon gewusst?

Der Biber kann Nase und Ohren beim Tauchen verschließen. Zum Schutz unter Wasser besitzt der Biber an den Augen zusätzlich eine verschließbare, durchsichtige Haut. Er kann bis zu 15 Minuten tauchen.

Bisamratte

Kopf-Rumpf-Länge: 25 bis 35 cm
Schwanzlänge: 20 bis 25 cm

Merkmale

Die Bisamratte hat einen gedrungenen Körper und ist etwas kleiner als ein Kaninchen. Man erkennt sie an ihrem rötlich glänzenden Fell und dem seitlich zusammengedrückten Schwanz, der nur wenig beschuppt ist. Die Bisamratte hat wasserdicht verschließbare Ohren.

Schon gewusst?

Die Bisamratte verdankt ihren deutschen Namen einem Sekret, das stark nach Bisam oder Moschus duftet. Die Männchen sondern es ab, um während der Fortpflanzungszeit ihr Revier zu markieren.

Lebensraum

Das Tier stammt ursprünglich aus Nordamerika und wurde wegen seines wertvollen Pelzes zu Beginn des 20. Jahrhunderts in Europa eingebürgert. Das hauptsächlich dämmerungs- und nacht-aktive Tier bewohnt feuchte Lebensräume wie Auwälder und Sumpfgebiete sowie Seen und langsam fließende Gewässer mit viel Schilf, wo es Wohnhöhlen in Uferböschungen gräbt. Dabei richtet die Bisamratte große Schäden an und gilt daher als Schädling.

Der Apfel schmeckt gut!

Die Bisamratte ernährt sich von Wasser- und Uferpflanzen, Wurzeln sowie Sämereien, frisst aber auch Muscheln und Krebse. Das Weibchen bringt in seinem Bau fünf bis acht Junge zur Welt, die bei der Geburt nackt und blind sind. Mit etwa zehn Tagen öffnen sie ihre Augen und können dann bereits schwimmen.

Eine Bisamratte im Wasser

Schermaus

Kopf-Rumpf-Länge: 12 bis 22 cm
Schwanzlänge: 7 bis 11 cm

Das dämmerungs- und nachtaktive Tier frisst hauptsächlich Pflanzenwurzeln, aber auch Insekten, Weichtiere und kleine Fische. Das Weibchen bringt in seinem unterirdischen Kugelnest drei- bis viermal im Jahr zwei bis acht noch nackte und blinde Junge zur Welt, die schon nach etwa zwei Monaten selbst eine Familie gründen können.

Merkmale

Die Schermaus ist die größte europäische Wühlmaus. Sie hat einen rundlichen, massiven Körper und einen langen Schwanz. Das glänzende Fell ist oberseits meist dunkelbraun, kann aber auch hellbraun oder sogar schwarz sein. Die Unterseite ist weißlich oder gelblich grau. Der Schwanz ist heller.

Lebensraum

Das Tier lebt auf Wiesen, in Obstplantagen und Gärten oder an Gewässern. Die von ihm gegrabenen Gänge erkennt man an den Erdhaufen auf dem Boden, die flacher sind als die des Maulwurfs. Die Schermaus kann sehr gut schwimmen und wird daher auch Wasserratte genannt.

Das schmeckt lecker!

Die Schermaus ist eine gute Schwimmerin.

Schon gewusst?

Die Schermaus hat eine Vorliebe für unterirdische Pflanzenteile und kann in Obstplantagen, Baumschulen, aber auch Hausgärten erheblichen Schaden anrichten.

Feldmaus

Kopf-Rumpf-Länge: 9 bis 12 cm
Schwanzlänge: etwa 4 cm

Das Tier ernährt sich von Gräsern, Kräutern, Früchten und Wurzeln. Besonders gern aber macht sich die Maus an die Getreidevorräte in Scheunen. Daher wird sie auch als Vorratsschädling bezeichnet. Übrigens ist die Feldmaus Rekordhalterin im Kinderkriegen: Ein Weibchen ist bereits nach 13 Tagen erwachsen und kann 30 Tage nach seiner eigenen Geburt erstmals selbst Junge bekommen. Bei jedem Wurf werden bis zu zwölf nackte Babys geboren.

Merkmale

Feldmäuse zählen zu den Wühlmäusen. Ihr Fell ist an der Oberseite bräunlich bis gelblich grau, am Bauch hellgrau. Das kleine Tier hat einen walzenförmigen Körper und kleine, dunkle Augen.

Schon gewusst?

Die Feldmaus hat eine Menge Feinde. Weil sie so häufig vorkommt, ist sie die Hauptbeute vieler Tiere. Besonders vor Greifvögeln, Eulen, Mauswieseln, Füchsen und Hauskatzen muss sie sich in Acht nehmen.

Mäusebabys in ihrem Nest

Lebensraum

Die Feldmaus ist das häufigste wild lebende Säugetier Mitteleuropas. Sie lebt in Kolonien auf Äckern und Wiesen. Dort gräbt sie dicht unter der Erdoberfläche Baue mit Nest- und Vorratskammern sowie mehreren Ausgängen.

Ist die Luft rein?

Rötelmaus

Merkmale

Die Rötelmaus, die auch Waldwühlmaus genannt wird, hat ihren Namen wegen ihres auffallend rotbraunen Fells erhalten. Die Unterseite des Fells und die Füße sind weißlich bis grau.

Kopf-Rumpf-Länge: 7 bis 13 cm
Schwanzlänge: 3 bis 6,5 cm

Schon gewusst?

Die Rötelmaus lebt gefährlich, weil sie ein begehrtes Beutetier ist. Füchse, Marder, Luchse oder Iltisse, aber auch Eulen und Greifvögel machen gern Jagd auf Rötelmäuse. Auf den Graureiher, den Weißstorch sowie die Kreuzotter und die Ringelnatter muss die Rötelmaus ebenfalls Acht geben.

Lebensraum

Die Tiere bewohnen meist in Gruppen Wälder, Hecken und Parks, kommen aber auch in Uferbereichen vor. Sie bauen unterirdische Gänge, die wenige Zentimeter unter der Oberfläche verlaufen. Ihre aus Grashalmen geflochtenen Nestkammern errichtet die Rötelmaus entweder bis zu 40 Zentimeter tief im Erdreich oder in Baumstümpfen.

Das kleine Tier rennt schnell, klettert geschickt und schwimmt gut. Es ernährt sich von Insekten sowie Wurzeln, Sämereien und der Rinde junger Gehölze. Das Weibchen bringt drei- bis sechsmal im Jahr jeweils drei bis sieben nackte und blinde Junge zur Welt, die bereits nach neun Wochen selbst Nachwuchs bekommen können.

Junge Rötelmäuse in ihrem Nest

Waldmaus

Merkmale

Waldmäuse haben ein weiches braunes Fell und einen körperlangen Schwanz, der spärlich behaart ist und 120 bis 170 Schuppenringe aufweist. Die runden Ohren sind relativ groß, ebenso die dunklen Knopfaugen.

Kopf-Rumpf-Länge: 8 bis 11 cm
Schwanzlänge: 7 bis 10 cm

Schon gewusst?

Die kleine Waldmaus macht sich bei Gefahr mit großen Sprüngen auf und davon. Dank ihrer langen Hinterfüße schafft sie dabei känguruartige Sätze von bis zu 80 Zentimetern Weite.

stehen Samen von Gräsern, Kräutern und Bäumen, Knospen, Triebe, Beeren, Pilze, aber auch Insekten, Würmer und Schnecken.

Lebensraum

Die Waldmaus ist eines der häufigsten Nagetiere Europas. Entgegen ihrem Namen hält sie sich am liebsten auf Feldern, Wegböschungen, an Waldrändern und in Parks auf. Das dämmerungs- und nachtaktive Tier klettert gut, bleibt aber meist in Bodennähe. Es richtet sich oft auf den Hinterbeinen auf, um die Umgebung besser überblicken zu können.

Die Tiere graben tiefe Erdgänge mit Nest- und Vorratskammern oder benutzen verlassene Wühlmausbaue. Drei- bis viermal im Jahr werden jeweils drei bis acht nackte und blinde Junge geboren. Auf dem Speiseplan des Allesfressers

Eine Waldmaus hält Ausschau.

Hausmaus

Kopf-Rumpf-Länge: 7 bis 10 cm
Schwanzlänge: 7 bis 9 cm

Getreide mögen Mäuse besonders gern.

Merkmale

Die Hausmaus ist ein sehr kleines Nagetier. Sie hat ein graues Fell und einen langen Schwanz mit Schuppenringen. Ihr Geruchssinn und ihr Gehör sind sehr gut entwickelt, denn die Tiere verständigen sich untereinander durch verschiedene Gerüche und Ultraschalllaute.

auf Wiesen und in Gärten. Dort graben die Mäuse Erdbaue, in Gebäuden dagegen bauen sie ihre Nester aus Papier- und Stofffetzen.

Die Hausmaus ist ein Allesfresser, bevorzugt aber pflanzliche Nahrung, zum Beispiel Samen von Gräsern oder Wurzeln. Zu den Feinden der Hausmaus zählen vor allem Hauskatzen, Wanderratten und Marder. Auch vor Eulen und Greifvögeln muss sie sich in Acht nehmen.

Schon gewusst?

Das Weibchen bekommt mehrmals im Jahr jeweils vier bis neun nackte, blinde und taube Junge. Schon nach sechs Wochen können diese selbst Nachwuchs bekommen!

Lebensraum

Das Tier kommt in fast allen Ländern der Erde vor und lebt häufig in menschlichen Behausungen, aber auch im Freien

Ein Mauseloch

Wanderratte

Merkmale

Das Fell der Wanderratte ist auf dem Rücken meist braungrau, auf der Unterseite grauweiß. Ihr Schwanz ist leicht behaart und hat 160 bis 190 Schuppenringe. Die Augen und Ohren sind kleiner als bei der Hausratte. Insgesamt sieht die Wanderratte aus wie eine riesige Hausmaus.

Kopf-Rumpf-Länge: 20 bis 27 cm
Schwanzlänge: 17 bis 22 cm

Lebensraum

Wild lebende Wanderratten findest du meist auf Feldern oder am Wasser. Als grabende Bodentiere legen sie verzweigte unterirdische Baue an. Heute leben sie meist in der Nähe menschlicher Siedlungen und bewohnen Keller, Vorratsräume und Ställe. Man findet sie auch in der Nähe von Bächen, in Abwasserkanälen und auf Müllplätzen.

Was gibt es hier zu sehen?

Die geselligen Tiere leben in großen Familienverbänden. Dort herrscht eine strenge Rangordnung, die oft durch heftige Kämpfe festgelegt wird. Das Weibchen bringt fünf- bis siebenmal im Jahr jeweils sechs bis neun Junge zur Welt, die nach drei Wochen erstmals das Nest verlassen. Ratten sind Allesfresser, bevorzugen aber tierische Kost, zum Beispiel Mäuse, Geflügel und Eier.

Schon gewusst?

Wenn Ratten Futter finden, das sie noch nicht kennen, testet oft ein junges Männchen sozusagen als Vorkoster die Nahrung. So merken die Ratten, ob das Futter giftig oder essbar ist.

Hausratte

Merkmale

Das Fell der Hausratte ist grauschwarz bis graubraun, am Bauch ist es etwas heller. Der lange, fast haarlose Schwanz hat über 200 Schuppenringe. Die Hausratte hat eine spitze Schnauze und größere Augen und Ohren als die Wanderratte.

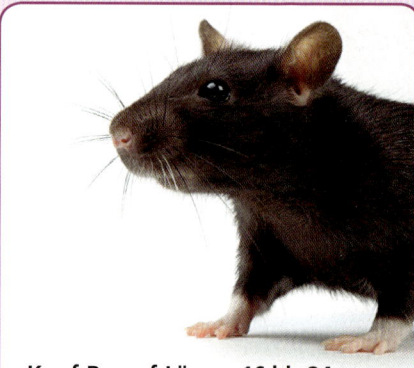

Kopf-Rumpf-Länge: 16 bis 24 cm
Schwanzlänge: 18 bis 25 cm

 **Schon gewusst?**

Die Hausratte ist auch als Schiffsratte bekannt, da sie früher durch Schiffsreisen weltweit verbreitet wurde. Im Mittelalter waren Ratten die Hauptüberträger der Pest, einer tödlichen Krankheit. Mittlerweile steht die Hausratte in Deutschland auf der Roten Liste.

Lebensraum

Das Tier kommt in kalten Regionen ausschließlich in menschlichen Siedlungen vor, in wärmeren Ländern auch im Freien. Sie ist dämmerungs- und nachtaktiv und lebt in Gruppen mit 50 oder mehr Tieren. Ratten markieren feste Pfade in ihrem Revier durch Kot und Urin, den sie jeweils mit den Pfoten verschmieren und festtreten.

In Gebäuden bauen die Tiere ihre Nester aus Papierstücken oder Stofffetzen, im Freien errichten sie sie aus Gras und Blättern auf Bäumen. Die Hausratte bekommt mehrmals im Jahr jeweils sechs bis zwölf Junge. Als ein Pflanzenfresser ernährt sie sich von Getreide, Früchten, Samen und Wurzeln, aber auch von Abfällen.

Wonach riecht es denn hier?

Siebenschläfer

Kopf-Rumpf-Länge: 15 bis 20 cm
Schwanzlänge: 11 bis 17 cm

Merkmale

Der drollige Siebenschläfer hat einen fast körperlangen, buschigen Schwanz. Sein Gesicht mit den runden Ohren und großen schwarzen Augen gleicht dem einer Maus. Sein Fell ist am Rücken aschgrau, am Bauch weiß.

Beim Fressen

Lebensraum

Der Siebenschläfer bewohnt hauptsächlich Laub- und Mischwälder, wo er geschickt und flink in den Ästen umherklettert. Das nachtaktive Nagetier schläft tagsüber in laubgepolsterten Astlöchern, Spalten oder Vogelnistkästen. Nachts geht es auf Nahrungssuche.

Ist jemand zu Hause?

Auf der Speisekarte stehen Früchte, Nüsse, Eicheln, Blätter, Beeren und Samen. Aber Insekten, junge Vögel und Vogeleier schmecken dem Siebenschläfer genauso gut. Das Weibchen baut bei seiner Schlafstelle ein Nest aus Moos, Farnen und Gräsern und bringt meist vier bis sechs nackte und blinde Junge zur Welt, die das Nest mit knapp zwei Monaten verlassen.

Schon gewusst?

Der Siebenschläfer trägt seinen Namen, weil er sich im Winter für mindestens sieben Monate zur Ruhe begibt. Er hält seinen Winterschlaf in frostsicheren Erdhöhlen und zehrt von seinem Fettpolster, das er sich im Sommer angefressen hat.

Haselmaus

Kopf-Rumpf-Länge: 6 bis 9 cm
Schwanzlänge: 6 bis 7 cm

Merkmale

Die Haselmaus gehört trotz ihres Aussehens nicht zu den Echten Mäusen, sondern zu den Bilchen. Das ziemlich gedrungene, mollige Tier hat einen gelblich braunen Pelz, zwei große, neugierige Knopfaugen und einen langen behaarten Schwanz.

Eine Haselmaus in ihrer Baumhöhle

Lebensraum

Das Nagetier lebt in Mischwäldern mit zahlreichen Büschen, besonders Haselsträuchern. Tagsüber schläft die Haselmaus in ihrem Kobel, dem kugelförmigen Nest, das sie in Bäumen und Sträuchern baut und mit Gras und Moos auspolstert.

Erst in der Dämmerung wird die Haselmaus richtig munter und macht sich auf die Suche nach Beeren, Knospen und natürlich Haselnüssen. Sie verspeist aber auch Insekten und Vogeleier. Den Winter verbringt das Tier in frostsicheren Erdhöhlen oder Baumstümpfen, frisst sich aber vorher ein ordentliches Fettpolster an. Das Weibchen bekommt ein- bis zweimal im Jahr zwei bis vier nackte, blinde Junge, die etwa einenhalb Monate bei der Mutter bleiben.

Zwei Haselmäuse fressen Vogelbeeren.

Schon gewusst?

Die Haselmaus kann ausgezeichnet klettern und sich auch an dünnen Zweigen sicher festhalten. Kleine Sprünge bewältigt sie problemlos. Bei schweren Turnübungen nimmt sie den Schwanz zu Hilfe.

Gartenschläfer

Kopf-Rumpf-Länge: 10 bis 17 cm
Schwanzlänge: 8 bis 15 cm

Merkmale

Der Gartenschläfer ähnelt dem Siebenschläfer und gehört wie dieser zu den Bilchen. Sein Fell ist auf der Oberseite rotbraun bis grau, auf der Unterseite weiß. Kennzeichnend ist ein Augenstreifen, der sich von der Schnauze bis hinter die Ohren und zum Hals zieht. Typisch ist auch der lange buschige Schwanz mit seiner zweifarbigen Spitze.

Lebensraum

Trotz seines Namens lebt der Gartenschläfer bevorzugt in Laub- und Nadelwäldern, kommt aber auch in Obst- und Hausgärten vor. Dort macht er sich gern an das reife Obst. Der nachtaktive Allesfresser nimmt aber vorwiegend tierische Kost zu sich, meist Insekten, Würmer, Schnecken und Eier.

Im Frühsommer bringt das Weibchen vier bis sieben nackte und blinde Junge zur Welt, die mit etwa 40 Tagen selbstständig werden. Der Gartenschläfer hält von Oktober bis April Winterschlaf in Baumhöhlen und Felsspalten, oft auch in Gebäuden und Höhlen.

Walderdbeeren schmecken lecker!

Schon gewusst?

Der Gartenschläfer wird meist als Schädling betrachtet, weil er Vogelnester plündert und sich an so manchem Obst vergreift. Weil die Zahl der Gartenschläfer inzwischen enorm zurückgegangen ist, steht der kleine Bilch unter Naturschutz.

Feldhamster

Kopf-Rumpf-Länge: 20 bis 34 cm
Schwanzlänge: 4 bis 6 cm

Merkmale

Den Feldhamster erkennt man an den weißen Flecken beiderseits der Wangen und am bunt gescheckten Fell: Am Rücken ist es gelblich braun, am Bauch schwarz und um die Augen und am Hals rotbraun. Unverkennbar sind auch die typischen Hamsterbacken.

Lebensraum

Das kleine Tier lebt auf Feldern und Äckern. Dort gräbt der Hamster seinen Bau, der aus einer Wohnkammer, einer Vorratskammer und einem Kotplatz besteht. Es gibt einen Eingang und mehrere Fallröhren. Wird der Feldhamster von einem Feind verfolgt, lässt er sich durch ein Fallrohr in seinen Bau fallen.

Sein Futter bringt er in den Backentaschen in die Vorratskammer. Nachwuchs gibt es zwei- bis dreimal im Jahr mit jeweils vier bis zwölf Jungen. Der Feldhamster ist ein nachtaktiver Einzelgänger. Er hält Winterschlaf, wacht aber zwischendurch auf, um von seinen Vorräten zu fressen.

Der Feldhamster hat ein bunt geschecktes Fell.

Schon gewusst?

Früher wurde der Feldhamster als Schädling bekämpft. Mittlerweile ist das Tier aber vom Aussterben bedroht und steht auf der Roten Liste. Denn es gibt immer weniger Äcker und im Spätsommer werden die Felder völlig abgemäht, sodass der Hamster nichts mehr zu fressen findet.

Eichhörnchen

Kopf-Rumpf-Länge: 20 bis 25 cm
Schwanzlänge: 15 bis 20 cm

Ein Eichhörnchen im Winter

Merkmale

Das Eichhörnchen besitzt zwei meißelartige Schneidezähne, mit denen es Nüsse knackt. Sein Fell kann von fuchsrot bis braunschwarz gefärbt sein. Besonders auffällig ist sein buschiger Schwanz. Im Winter hat es lange Haarbüschel an den Ohren, die man Pinsel nennt.

Lebensraum

Das tagaktive Eichhörnchen lebt meist im Wald, aber auch in Gärten und Parks. Oft springt es von Ast zu Ast und von Baum zu Baum. Dabei nutzt es den langen buschigen Schwanz zum Balancieren oder zum Steuern beim Sprung.

Dank seiner langen Krallen kann das Eichhörnchen auch kopfüber an Baumstämmen hinunterlaufen.

Es frisst Nüsse, Samen, Knospen, aber auch Insekten und Vogeleier. Das Eichhörnchen baut in Astgabeln oder Baumhöhlen runde Nester aus Zweigen und Blättern, die man Kobel nennt. Das Weibchen bekommt bis zu zweimal im Jahr jeweils zwei bis fünf Junge.

Beim Fressen

◼ Schon gewusst?

Eichhörnchen halten keinen Winterschlaf, sondern nur eine Winterruhe. Deshalb legen sie mehrere Vorratslager an und vergraben Nüsse und Eicheln. Allerdings finden sie im Winter nicht alle Verstecke wieder, sodass viele der vergrabenen Samen von Bäumen und Sträuchern im nächsten Frühjahr auskeimen und zu neuen Pflanzen heranwachsen.

Murmeltier

Kopf-Rumpf-Länge: 30 bis 60 cm
Schwanzlänge: 10 bis 15 cm

Lebensraum

Bei uns trifft man meist auf das Alpenmurmeltier. Diese Murmeltierart lebt in den Alpen, aber auch in den Karpaten, einem Gebirge, das sich von Mitteleuropa bis weit nach Ost- und Südosteuropa erstreckt. Das Alpenmurmeltier legt Erdbaue mit Gängen von bis zu 70 Metern Länge an!

Die geselligen Tiere leben in Kolonien und spielen und faulenzen gern in der Sonne. Murmeltiere verständigen sich untereinander durch Pfeiftöne, die sie auch bei Gefahr ausstoßen. Sie ernähren sich von Gräsern und Kräutern, verspeisen aber auch Insekten und Regenwürmer. Während der kalten Jahreszeit halten sie einen sehr langen Winterschlaf.

Merkmale

Das Murmeltier ist ein ziemlich großes Nagetier. Es hat ein dichtes gelb- bis graubraunes Fell und einen gedrungenen Körper mit sehr kurzem Hals. Das Murmeltier besitzt vier lange Nagezähne, die das ganze Leben nachwachsen. An seinen kräftigen Vorderpfoten befinden sich lange Krallen.

Ein Murmeltier am Eingang zu seinem Erdbau

Ein Alpenmurmeltier beim Fressen

Schon gewusst?

Murmeltiere kann man bei Bergwanderungen oft in ihrer typischen Haltung antreffen: Sie sitzen auf den Hinterpfoten, der Schwanz ist ausgestreckt. Dabei machen sie „Männchen", was ein typisches Merkmal der gesamten Hörnchenfamilie ist.

Gartenspitzmaus

Kopf-Rumpf-Länge: 5 bis 8 cm
Schwanzlänge: 2,5 bis 4 cm

Merkmale

Das Fell der Gartenspitzmaus ist oberseits braungrau. An den Seiten und am Bauch ist es grau bis gelblich gefärbt. Trotz ihres mäuseähnlichen Aussehens ist sie mit den Mäusen nicht näher verwandt, sondern ein Insektenfresser. Sie hat eine lange, spitze Schnauze, die ein sehr gut entwickeltes Riech- und Tastorgan mit langen, beweglichen Tasthaaren ist. Dafür kann sie nicht sehr gut sehen.

Lebensraum

Die Gartenspitzmaus bewohnt Feld- und Waldränder, Schutthalden und Gärten. Sie lebt meist in der Nähe von menschlichen Siedlungen. Im Herbst überwintert sie oft in Gebäuden. In Deutschland ist sie mittlerweile selten geworden.

Schon gewusst?

Spitzmäuse zählen zu den kleinsten Säugetieren überhaupt. Ein äußerst winziges Säugetier ist die Etrusker-Spitzmaus. Sie selbst wird bis zu 4,8 Zentimeter groß, ihr Schwanz ist nur drei Zentimeter lang.

Die Gartenspitzmaus hat eine lange, spitze Schnauze.

Eine Gartenspitzmaus auf Nahrungssuche

Auf dem Speiseplan der Gartenspitzmaus stehen hauptsächlich Insekten und Larven. Sie verspeist aber auch Spinnen und Schnecken. Das Weibchen bringt mehrmals im Jahr jeweils zwei bis acht noch nackte und blinde Junge zur Welt. Die Kleinen werden drei Wochen lang gesäugt.

Wasserspitzmaus

Merkmale

Die Wasserspitzmaus ist die größte europäische Spitzmaus. Ihr dichtes Fell ist auf der Oberseite graubraun bis schwarz, auf der Unterseite silbrig weiß. An der Schwanzunterseite hat das Tierchen einen Borstenkiel, den es im Wasser als Ruder einsetzt. An den Hinterfüßen befinden sich Borsten, die dem Tier als Paddel dienen.

Kopf-Rumpf-Länge: 7 bis 9,5 cm
Schwanzlänge: 4,7 bis 7,7 cm

Lebensraum

Der kleine Säuger lebt meist in Uferbereichen, aber ebenso in Sumpfgebieten, feuchten Wäldern und Wiesen. Er ernährt sich hauptsächlich von Wasserinsekten, frisst jedoch auch Schnecken, Kleinkrebse sowie Frösche und kleine Fische.

Schon gewusst?

Wie viele ihrer Verwandten ist die Wasserspitzmaus ein giftiges Säugetier. Unter ihrer Zunge sitzen Drüsen, die einen Stoff absondern, der für kleinere bis mausgroße Tiere giftig ist. Für uns Menschen ist diese Substanz jedoch nicht gefährlich.

Die Wasserspitzmaus kann ausgezeichnet schwimmen. Ihre Baue gräbt sie entweder selbst oder übernimmt sie von anderen Säugetieren. Ein Ausgang zum Wasser hin darf dabei nie fehlen. Das Weibchen bringt zwei- bis dreimal im Jahr jeweils vier bis elf Junge zur Welt, die nach etwa 40 Tagen selbstständig werden.

Eine Wasserspitzmaus unter Wasser

Maulwurf

Merkmale

Der Maulwurf besitzt ein weiches, dunkelgrau bis braun oder schwärzlich gefärbtes Fell. Er hat zu Grabschaufeln umgebildete Vorderfüße mit langen, platten Nägeln. Mit seinen winzigen Augen, die im Fell verborgen sind, kann der Maulwurf kaum sehen. Dafür hört er umso besser.

Kopf-Rumpf-Länge: 10 bis 17 cm
Schwanzlänge: 2 bis 3,5 cm

Mit seinen schaufelartigen Vorderbeinen gräbt er lange unterirdische Gänge, in denen er sich vorantastet und Würmer und Insekten aufspürt.

In seinem Bau legt er Nestkammern an, die er mit Laub und Gräsern auspolstert. Diese Nester dienen als Ruheplätze, Vorratslager und Kinderzimmer. Das Weibchen bringt drei bis vier noch nackte und blinde Junge zur Welt, die erst nach drei Wochen die Augen öffnen. Maulwürfe halten keinen Winterschlaf. In Deutschland sind die Tiere übrigens gesetzlich geschützt.

Die typischen Maulwurfshügel

Lebensraum

Weil der Maulwurf fast sein ganzes Leben unter der Erde verbringt, bekommt man ihn kaum zu Gesicht. Nur an den Maulwurfshügeln kann man erkennen, dass er in der Nähe ist.

Wo bin ich denn hier gelandet?

Schon gewusst?

Das Leibgericht des Maulwurfs sind Regenwürmer. Ein Maulwurf verspeist in einem Jahr rund 25 Kilogramm davon! Für den Winter lagert er sogar lebende Regenwürmer in seiner Vorratskammer ein.

Igel

Ein Igel hat Tausende von Stacheln.

Kopf-Rumpf-Länge: 22 bis 28 cm
Schwanzlänge: 2 bis 3 cm

und sucht nach etwas Essbarem. Tagsüber schlummert der Igel unter Reisighaufen, in Erdlöchern oder Felsspalten.

Merkmale

Der Igel ist durch seine bis zu 8000 braunen Stacheln mit keinem anderen Tier zu verwechseln. Nur am Bauch und im Gesicht hat er Haare. Trotz seiner kurzen Beine kann der Igel schnell laufen. Außerdem ist er ein geschickter Kletterer und guter Schwimmer.

Sobald es gefährlich wird, rollt sich der Igel zu einer stacheligen Kugel zusammen. Dann kann ihm kein Angreifer etwas tun. Der Igel frisst am liebsten Asseln, Tausendfüßer, Spinnen, Käfer und Larven, aber auch Regenwürmer, Schnecken und Frösche. Im Winter zieht sich der Igel in einen Unterschlupf zurück und hält Winterschlaf.

Lebensraum

Der Igel lebt als Einzelgänger an Waldrändern, Hecken und im Unterholz. In der Stadt hält er sich auch in Gärten und Parkanlagen mit vielen Verstecken auf. Sobald es draußen dämmrig wird, zieht das nachtaktive Stacheltier los

Schon gewusst?

Unser Europäischer Igel heißt auch Braunbrustigel. Sein Verwandter, der Afrikanische Weißbauchigel oder Wanderigel, ist kleiner, leichter und hat längere Beine. Beide Arten können bis zu sieben Jahre alt werden.

Mopsfledermaus

Merkmale

Mit ihrer mopsartigen Schnauze, der sie ihren Namen verdankt, und den großen, dicht zusammenstehenden Ohren ist die Mopsfledermaus unverwechselbar. Ihr Fell und die Flughäute sind schwarz-braun, die Bauchseite ist dunkelgrau.

Körperlänge: 4,5 bis 6 cm
Flügelspannweite: 26 bis 29 cm

Lebensraum

Die bei uns nur noch sehr selten vorkommende Mopsfledermaus ist in Deutschland stark gefährdet. Sie lebt in Wäldern, aber auch in Hecken an Waldrändern und Parks. Als nachtaktives Tier macht sie sich in den frühen Abendstunden auf die Jagd nach kleinen Insekten wie Mücken und Motten. Wie alle Fledermausarten orientiert sie sich dabei mithilfe von Ultraschalllauten.

Sobald die Weibchen Nachwuchs erwarten, suchen sie sich ein Baumversteck. Im Juni bringt jedes Weibchen ein Junges zur Welt, manchmal auch Zwillinge. Nach vier Wochen sind die Kleinen flug-

fähig, bleiben aber noch bei der Mutter. Mit einsetzendem Frost suchen sich die Tiere eine Höhle oder aber einen Keller, wo sie Winterschlaf halten.

Schon gewusst?

Um sich tagsüber ausruhen zu können, verkriecht sich die Mopsfledermaus in schmalen Spalten oder in Baumhöhlen. Manchmal kann man sie sogar an alten Gebäuden hinter Fensterläden entdecken.

Wenn es kalt wird, suchen sich die Fledermäuse ein Winterquartier.

Basteln macht Spaß

Fledermauskasten

Fledermäuse sind nachtaktive Tiere, das bedeutet, dass sie nachts munter sind und auf Insektenjagd gehen. Dafür schlafen sie am Tag in ihren Behausungen. Das können Baumhöhlen oder Felsspalten sein. Da ihre Lebensräume durch uns Menschen bedroht sind, nehmen sie auch gerne Nistkästen als Wohnplätze an. Hier lernst du, wie man einen solchen Fledermauskasten selbst bauen kann.

Dazu brauchst du:

unbehandeltes, raues Holz
einige Nägel
Dachpappe
Hammer und Säge

Teil	Maße	Stück
A Dach	28 x 10 cm	1
B Leiste	24 x 3 cm	1
C Rückwand	40 x 24 cm	1
D Seitenwand	28 x 9 cm	2
E Vorderwand	28 x 24 cm	1
F Aufhängeleiste	4 x 70 cm	1

Und so gehts:

Das Holz wird nach den Maßen in der Tabelle zugesägt. Lass dir dabei am besten von einem Erwachsenen helfen oder die Bretter gleich beim Schreiner zuschneiden. Die Brettstärke sollte zwei Zentimeter betragen. Zuerst schneidest du mit einer Säge kleine Querrillen in die Rückwand (C). Dann befestigst du die Seitenwände (D) mit Nägeln an der Rückwand, sodass deren breite Seiten nach unten zeigen. Die Rückwand ist länger als die Seitenwände und steht unten ungefähr handbreit über.

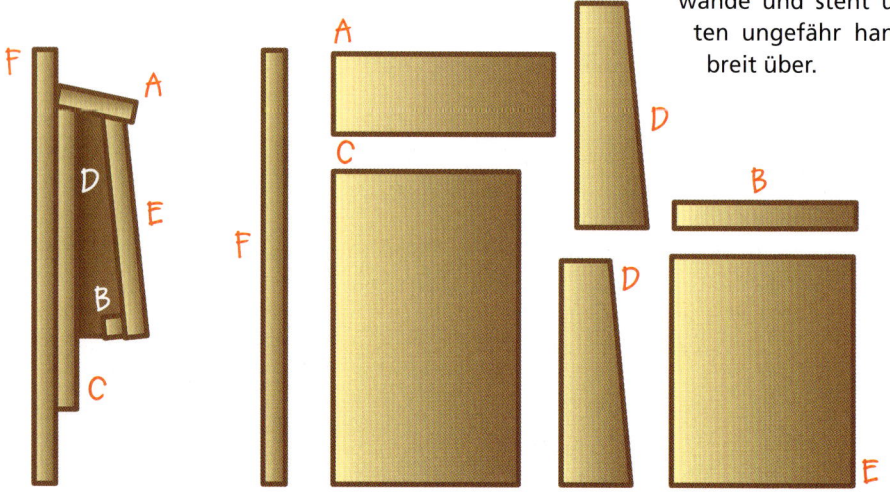

Fledermauskästen dienen als Ersatz für Baumhöhlen.

Dann wird die Leiste (B) unten an der Innenseite der Vorderwand (E) befestigt; dadurch verkleinert sich die Einflugöffnung für die Fledermäuse. Vorderwand und Dach (A) werden zuletzt befestigt. Auf der Rückseite des Kastens bringst du die Aufhängeleiste (F) mit Nägeln an.

Beim Zusammenbauen musst du darauf achten, dass alle Teile dicht aneinander anschließen und keine Spalten entstehen. Fledermäuse sind gegen Zugluft sehr empfindlich. Gegen Feuchtigkeit legst du etwas Dachpappe, die du im Baumarkt kaufen kannst, auf das Dach.

Nun kannst du den Nistkasten im Garten, aber auch am Waldrand oder in Gewässernähe an einem Baum in vier bis acht Meter Höhe anbringen. Du musst den Kasten so befestigen, dass er im Wind nicht hin- und herschwingt.

Großer Abendsegler

Körperlänge: 8 bis 10 cm
Flügelspannweite: 40 cm

fernt liegen können. In seinem Winterquartier hält er Winterschlaf. Tagsüber schläft das nachtaktive Tier mit dem Kopf nach unten in seiner Höhle. Dabei hält es sich mit den Krallen seiner Hinterbeine fest. Kurz nach Sonnenuntergang wird der Abendsegler munter und geht auf Insektenjagd. Seine Beute fängt er im Flug. Das Weibchen bringt meist zwei Junge zur Welt, die mit etwa sechs Wochen fliegen können.

Flughaut einer Fledermaus

Merkmale

Der Große Abendsegler ist eine der häufigsten und am weitesten verbreiteten Fledermausarten. Zwischen den dünnen, stark verlängerten Fingern ist eine Flughaut gespannt, die bis zu den Hinterbeinen reicht. Das kurze samtige Fell ist rostbraun. Gesicht und Flughäute sind schwarzbraun gefärbt.

Lebensraum

Der Abendsegler lebt in Wäldern und hat ein Sommer- und ein Winterquartier, die sehr weit voneinander ent-

Schon gewusst?

Fledermäuse orientieren sich mithilfe der Echoortung. Das heißt, sie stoßen helle Rufe aus, die wir Menschen nicht hören können. Diese Ultraschallwellen prallen an Insekten oder Hindernissen ab und werden zurückgeworfen. Durch die Zeit, die die Wellen brauchen, um zurückzukommen, wissen die Tiere, wo und wie weit entfernt das Hindernis ist. So können sie jeder Gefahr ausweichen oder ihre Beute fangen.

Zwergfledermaus

Merkmale

Die Zwergfledermaus ist die meistverbreitete Fledermausart in Europa und eines der kleinsten Säugetiere. Mit zusammengefalteten Flügeln würde sie ohne Mühe in eine Streichholzschachtel passen. Ihr Fell ist rotbraun bis dunkelbraun, die Bauchseite etwas heller.

Körperlänge: 3,3 bis 5,2 cm
Flügelspannweite: 18 bis 23 cm

Lebensraum

Das kleine Tier sucht sich seine Ruheplätze in Spalten von Kirchtürmen, Speichern und Scheunen. Während mehrere Weibchen mit ihren Jungen Gruppen bilden, schlafen die Männchen meist einzeln.

Die Zwergfledermaus ernährt sich am liebsten von Nachtfaltern und Mücken. Das Weibchen sucht sich nach der Paarung ein Versteck für den Winterschlaf. Im Mai oder Juni bringt es ein bis zwei noch nackte und blinde Junge zur Welt, die etwa so groß sind wie eine Biene.

Schon gewusst?

Es gibt eine Fledermausart, die noch kleiner ist als die Zwergfledermaus. Weil sie kaum größer wird als eine Hummel, heißt sie auch Hummel- oder Schweinsnasenfledermaus. Das in Südostasien heimische Fledertier ist nicht nur die kleinste Fledermaus der Welt, sondern auch eines der kleinsten Säugetiere überhaupt.

Drei kleine Zwergfledermäuse

Reptilien

Waldeidechse

Größe: bis 18 cm
Beobachtungszeitraum: Februar/ März bis Oktober

Merkmale

Die Wald- oder Bergeidechse ist schlanker als die Zauneidechse und hat einen ziemlich kleinen, abgeflachten Kopf. Sie trägt verschiedene Braun- und Grautöne. Männchen haben einen hell- bis dunkelgelb gefärbten Bauch, die Kehle ist weißlich oder bläulich.

Lebensraum

Die Waldeidechse mag es gerne kühl und feucht. Wie der Name bereits vermuten lässt, lebt die Eidechse auf Waldlichtungen, an Waldrändern oder in Mooren und Heiden. Man trifft sie aber auch in den Bergen bis auf 3000 Meter Höhe an. Das Tier ernährt sich von Insekten, Spinnen und Würmern.

Nach der Paarung legt das Weibchen die Eier ab. Bei der Geburt platzt die Eihülle auf und die schwarzbraunen, meist vier bis zehn Jungen sind sofort selbstständig. Als ein wechselwarmes Tier ist die Körpertemperatur der Eidechsen immer so hoch wie die Temperatur der Umgebung. Deshalb müssen sie sich oft in der Sonne aufwärmen. Die kalte Jahreszeit verbringt die Eidechse in Winterstarre.

Schon gewusst?

Wenn die Waldeidechse bedroht wird, versteckt sie sich im Gestrüpp oder in Erdlöchern. Findet sich aber kein geeignetes Versteck, kann sie ein Stück von ihrem Schwanz abwerfen, um ihre Feinde zu täuschen.

Beim Sonnenbaden

Waldeidechsen haben einen kleinen Kopf.

Zauneidechse

Merkmale

Die Zauneidechse hat einen etwas plumpen Körper mit kurzen Beinen und einen ziemlich langen Schwanz. Das Männchen ist am Rücken bräunlich und an den Seiten grünlich mit dunklen Flecken. Das Weibchen ist braun mit einer dunklen Zeichnung.

Größe: 15 bis 23 cm
Beobachtungszeitraum: März/April bis Oktober

Schon gewusst?

Die Zauneidechse kann bei Gefahr ihren Schwanz an einer bestimmten Stelle abwerfen. Der Verfolger wird durch das zuckende Schwanzteil abgelenkt, während sich die Eidechse in Sicherheit bringen kann. Später wächst der Schwanz dann wieder nach.

Die Hauptnahrung der Zauneidechse sind Insekten, Spinnen und Schnecken. Ihre Beute spürt sie durch das sogenannte Züngeln auf. Nach der Paarung legt das Weibchen vier bis 14 Eier in einer Erdhöhle ab. Die Jungen sind nach dem Schlüpfen sofort selbstständig. Die Zauneidechse verbringt die kalte Jahreszeit in Erdlöchern und Spalten und fällt dann in eine Winterstarre.

Lebensraum

Das Reptil lebt an warmen Böschungen, auf trockenen Wiesen oder in Gärten. Sie nimmt morgens ausgiebige Sonnenbäder, um sich aufzuwärmen. Denn wie alle Reptilien hat sie keine gleichbleibende Körpertemperatur und ist daher von der Außentemperatur abhängig.

Bei Gefahr wirft die Eidechse ihren Schwanz ab.

Zauneidechsen sind gut getarnt.

Blindschleiche

Größe: 40 bis 50 cm
Beobachtungszeitraum: März/April bis Oktober

Merkmale

Eine Blindschleiche sieht auf den ersten Blick wie eine Schlange aus, aber eigentlich ist sie eine Echse. Allerdings haben sich die Beine der Blindschleiche im Laufe der Entwicklungsgeschichte zurückgebildet. Ihr Körper ist mit glatten, dachziegelartig überlappten Hornschuppen bedeckt.

Diese Blindschleiche hat sich zusammengerollt.

Lebensraum

Die tag- bis dämmerungsaktive Blindschleiche hält sich gern in Laubwäldern mit viel Unterholz, auf Feuchtwiesen, in Gärten und Parkanlagen auf. Sie ernährt sich von Nacktschnecken, Würmern, Insekten, Spinnen und Asseln.

Eine Blindschleiche im Gras

Das Weibchen bringt lebende Junge zur Welt. Sie sind bei der Geburt von einer dünnen, durchsichtigen Eihülle umgeben, die sofort nach der Ablage zerreißt. Den Winter verbringt die Blindschleiche in einer Kältestarre. Dazu gräbt sie oft lange unterirdische Gänge in die Erde, um sich darin zu verkriechen.

Schon gewusst?

Die Blindschleiche ist natürlich nicht blind, wie ihr Name vermuten lässt. Dieser leitet sich vielmehr von dem althochdeutschen Wort „plintslîcho" ab, das in etwa „blendender Schleicher" bedeutet. Wahrscheinlich bekam sie den Namen aufgrund ihrer glatten Schuppenhaut, die auffällig glänzt.

Sumpfschildkröte

Größe: 15 bis 20 cm
Beobachtungszeitraum: April bis Oktober

Lebensraum

Die Sumpfschildkröte führt ein an das Wasser gebundenes Leben. Sie hält sich in stehenden oder langsam fließenden Gewässern, im Uferbereich von Seen, in Teichen oder Gräben auf. Das Tier sonnt sich gern am Ufer auf Steinen, taucht bei Gefahr jedoch sofort ins Wasser.

Das Weibchen legt neun bis 15 Eier in einer selbst gegrabenen Grube im feuchten Boden ab.

Merkmale

Der Rückenpanzer der Europäischen Sumpfschildkröte ist dunkelbraun, leicht gewölbt und zeigt gelbliche, fächerstrahlenförmig angeordnete Striche und Punkte. Die weichen Körperteile sind dunkel- bis schwarzbraun und gelblich gefleckt. Die Beine sind mit Schuppen besetzt. Zwischen den Zehen spannen sich Schwimmhäute.

Aus den Eiern schlüpfen nach 80 bis 120 Tagen die Jungtiere. Sie sind nur zwei bis drei Zentimeter groß und kriechen sofort ins Wasser. Die Sumpfschildkröte ernährt sich von Fischen, Fröschen und Molchen sowie von im Wasser lebenden Schnecken und Insektenlarven.

Schon gewusst?

Die Europäische Sumpfschildkröte ist eine gute Schwimmerin und kann lange tauchen. Während der kalten Jahreszeit vergräbt sie sich im Bodenschlamm eines Gewässers und überwintert dort. Die Europäische Sumpfschildkröte kann 50 bis 70 Jahre alt werden! Allerdings ist sie vom Aussterben bedroht.

Kreuzotter

Größe: 60 bis 75 cm
Beobachtungszeitraum: März/April
bis Oktober

Merkmale

Die Kreuzotter hat einen länglich-dreieckigen Kopf und eine kurze Schnauze. Das Männchen ist grau bis graubraun, das Weibchen gelblich bis dunkelbraun gefärbt. Auf dem Rücken hat die Schlange ein dunkles Zickzackband, dem sie ihren Namen verdankt. Außerdem besitzt sie zwei Giftzähne.

Lebensraum

Das Tier lebt in Moorgebieten, auf feuchten Wiesen und auf Waldlichtungen. Sie nimmt die leiseste Erschütterung des Bodens wahr, sieht aber ziemlich schlecht. Dafür besitzt sie ein sehr feines Riechorgan am Gaumen.

Eine Kreuzotter im Gras

Zu diesem transportiert sie mit der gespaltenen Zunge Duftstoffe aus der Umgebung. Daher sieht man Schlangen häufig züngeln.

Das Zickzackband auf dem Rücken ist ein sehr auffälliges Erkennungsmerkmal.

Das Weibchen bringt die Jungen in einer Eihülle zur Welt, die die Kleinen nach der Geburt aufreißen. Die Kreuzotter frisst am liebsten Wühlmäuse und andere Mäuse, aber auch Maulwürfe, Blindschleichen und Jungvögel. Sie ist die einzige heimische Giftschlange. Für uns Menschen ist ihr Biss jedoch meist ungefährlich.

Schon gewusst?

Kreuzottern ziehen sich in der kalten Jahreszeit für vier bis acht Monate in verlassene Tierhöhlen zurück und fallen in eine Kältestarre. Im Frühjahr müssen sich die wechselwarmen Tiere erst einmal in der Sonne aufwärmen.

Ringelnatter

Merkmale

Ringelnattern sind je nach Unterart etwas unterschiedlich gefärbt und haben einen rotbraunen, schiefergrauen oder olivfarbenen Körper mit Längsstreifen oder Flecken. Ein ganz typisches Merkmal besitzen aber alle Tiere: zwei gelblich weiße, halbmondförmige Flecke am Hinterkopf.

**Größe: 70 cm bis 1,2 m
Beobachtungszeitraum: März/April bis Oktober**

Lebensraum

Die Ringelnatter ist die bei uns am häufigsten vorkommende Schlange. Sie mag Wasser und lebt daher an Weihern, Tümpeln, in langsam fließenden Gewässern und auf feuchten Wiesen. Die tagaktive Schlange kann sehr gut schwimmen und tauchen.

Das Tier verspeist Frösche, Molche, Kröten und Fische, aber auch Eidechsen und Mäuse. Das Weibchen legt bis zu

Schon gewusst?

Wird die Ringelnatter angegriffen, scheidet sie eine stinkende Flüssigkeit aus einer Drüse am Hinterleib aus. Manchmal stellt sie sich bei Gefahr auch tot: Sie dreht sich halb auf den Rücken, wird ganz schlaff und lässt die Zunge aus dem Maul hängen.

40 Eier an Baumstümpfen oder in Komposthaufen ab. Nach zwei bis drei Monaten schlüpfen die jungen Schlangen, die bis zu 18 Zentimeter lang sind. Die kalte Jahreszeit verbringt die Ringelnatter in einer Winterstarre unter einem Laub- oder Komposthaufen oder in einer Erdhöhle.

Eine Ringelnatter auf einem Seerosenblatt

Am Hinterkopf befinden sich zwei helle Flecke.

Amphibien

Laubfrosch

**Größe: 3 bis 5 cm
Beobachtungszeitraum: März
bis Oktober**

Merkmale

Die Haut des Laubfroschs ist glatt, glänzend und an der Oberseite normalerweise leuchtend grün gefärbt. Sein Bauch ist weiß bis grau. Der Laubfrosch kann seine Farbe je nach Stimmung, Temperatur und Licht verändern – von knallgrün bis dunkelgrün. Männchen besitzen eine große Schallblase.

Ein Laubfrosch klammert sich an einen Baumstamm.

Lebensraum

Der Europäische Laubfrosch ist ein Froschlurch, der einen Großteil seines Lebens auf Bäumen und Sträuchern in Gewässernähe verbringt. Sobald die Paarungszeit beginnt, begibt er sich ins Wasser.

Laubfrösche sind auffällig grün gefärbt.

Am See- oder Teichufer versammeln sich die Männchen und geben ihre allabendlichen Quakkonzerte, um die Weibchen anzulocken. Dazu benutzen sie ihre Schallblase an der faltigen Kehle, die sich wie ein Ballon aufbläht. Der Laubfrosch mag am liebsten Insekten und deren Larven. Er fängt sie mit seiner langen, klebrigen Zunge, die rasch hervorschnellt.

Schon gewusst?

Der Laubfrosch ist ein geschickter Kletterer. An seinen Finger- und Zehenspitzen sitzen runde Haftballen, mit denen er sich an Ästen und Blättern festhalten kann. Sogar an einer Glasscheibe kann er mühelos hochklettern. Mit seinen langen, kräftigen Hinterbeinen gelingen ihm auch hohe Sprünge problemlos.

Grasfrosch

Merkmale

Der Grasfrosch hat einen etwas plumpen braunen Körper, der an der Oberseite mit unregelmäßigen dunklen Flecken übersät und am Bauch weißlich ist. An den Schläfen befindet sich je ein großer dunkler Fleck. Die Hinterbeine haben dunkle Querstreifen. Das Männchen besitzt zwei Schallblasen.

Größe: 7 bis 11 cm
Beobachtungszeitraum: März/April bis Oktober

Schon gewusst?

Der nachtaktive Grasfrosch versteckt sich tagsüber an feuchten Plätzen zwischen Pflanzen oder Steinen. Die kalte Jahreszeit verbringt er in einer Winterstarre entweder in frostsicheren Erdlöchern oder im schlammigen Grund von Gewässern.

Kaulquappen in einem Teich

Lebensraum

Der bei uns am häufigsten vorkommende Grasfrosch verbringt sein Leben überwiegend an Land – und nicht unbedingt in der Nähe eines Gewässers. Er bewohnt Wiesen, Moore, Wälder und Gärten. Gewässer sucht er nur im Frühjahr zur Paarung auf. Mit seinen Schallblasen erzeugt das Männchen leise Paarungsrufe, die wie ein Grunzen oder Brummen klingen.

Die Laichballen enthalten bis zu 4000 Eier, aus denen nach zwei bis vier Wochen die Kaulquappen schlüpfen. Diese ernähren sich hauptsächlich von Algen und verwandeln sich im Frühsommer nach etwa drei Monaten in kleine Frösche. Grasfrösche gehen in der Nacht auf die Jagd nach Insekten, Würmern und Schnecken. Sie können bis zu einem Meter weit springen und natürlich gut schwimmen und tauchen.

Grasfrösche leben vorwiegend an Land.

Erdkröte

Merkmale

Erdkröten können auf der Oberseite gelb-, grau-, rot- oder dunkelbraun gefärbt sein. Auf ihrer Haut befinden sich zahlreiche Warzen. Der Bauch ist meist weißlich. Am Kopf sitzen spezielle Drüsen, die Hautgifte absondern. Auf diese Weise können die Kröten Fressfeinde abwehren.

Größe: 8 bis 15 cm
Beobachtungszeitraum: März bis Oktober

Lebensraum

Die Erdkröte ist die größte Kröte Europas. Das anpassungsfähige Tier ist fast überall anzutreffen – in Wäldern, auf Wiesen, in Hecken und in naturnahen Gärten. Einzige Voraussetzung ist ein stehendes Gewässer in der Nähe. In der Paarungszeit wandern die Tiere zu ihren Laichgewässern.

Bei der Paarung nimmt das Weibchen das Männchen huckepack.

Erdkröten besitzen rotgoldene Pupillen.

Zur Paarung klammert sich das kleinere Männchen an das Weibchen. Später legt das Weibchen seine Eier in meterlangen Laichschnüren im Wasser ab. Die Kaulquappen, die sich daraus entwickeln, leben im Wasser. Nach drei bis vier Monaten verwandeln sie sich in kleine Erdkröten und gehen an Land. Am liebsten frisst die Erdkröte Würmer, Schnecken, Spinnen und Asseln.

Schon gewusst?

Da Erdkröten keine Schallblasen haben wie die Frösche, können sie keine lauten Rufe erzeugen, sondern nur leise quaken. Das klingt dann in etwa wie „öök ... öök ... öök".

Feuersalamander

Größe: 20 bis 28 cm
Beobachtungszeitraum: Mai
bis November

Merkmale

Der Feuersalamander hat einen relativ kurzen Schwanz und einen plumpen, glänzend schwarzen Körper mit gelben oder orangefarbenen Flecken. Damit gibt er zu verstehen: „Ich bin giftig!" Der Feuersalamander hat nämlich am Rücken und hinter den Ohren kleine Giftdrüsen.

Lebensraum

Das kleine Tier versteckt sich am Tag meist in Erdhöhlen, unter Steinen oder unter Blättern am Boden. In der Nacht

geht der Salamander auf Nahrungssuche. Er ernährt sich von Schnecken, Regenwürmern und Fliegen. Bei Regen ist er auch tagsüber aktiv.

Die gelben Flecke sind das Erkennungsmerkmal des Feuersalamanders.

Feuersalamander leben normalerweise an Land. Nur zur Fortpflanzung begeben sie sich in ein Gewässer. Nach der Paarung entwickeln sich im Bauch der Mutter bis zu 50 Larven. Diese kommen nach etwa zehn Monaten als lebende Jungtiere im Wasser zur Welt und ähneln ein wenig einer Kaulquappe. Wenn sie nach drei bis sechs Monaten ausgewachsen sind, gehen sie an Land.

Vorsicht, ich bin giftig!

Schon gewusst?

Die Haut des Feuersalamanders enthält Gifte. Damit kann er seine Feinde vertreiben. Wenn du mal einen Feuersalamander berührt hast, solltest du dir unbedingt die Hände waschen! Die Hautgifte brennen nämlich, wenn sie versehentlich in die Augen gelangen.

Bergmolch

Größe: 8 bis 12 cm
Beobachtungszeitraum: Februar/
März bis Oktober

Der Bergmolch wird auch Alpenmolch genannt.

Merkmale

Der Berg- oder Alpenmolch hat einen seitlich abgeflachten Schwanz. In seiner Wassertracht ist er auf der Oberseite bräunlich oder bläulich marmoriert, der Bauch ist orangefarben. An den Seiten hat der Bergmolch ein weißes, schwarz geflecktes Band. Das Männchen trägt einen flachen, gelblich-schwarz gebänderten Rückenkamm.

Schon gewusst?

An Land ist der Bergmolch nachtaktiv und geht auf die Jagd nach Würmern, Schnecken und Käfern. Tagsüber versteckt er sich unter Steinen oder Holz, um zu ruhen. Wenn es im Winter kalt wird, ziehen sich die Molche in ihr Versteck zurück und fallen in eine Winterstarre.

Lebensraum

Wie alle Amphibien verbringt der Bergmolch seine Jugend im Wasser. Ausgewachsene Tiere dagegen leben den Winter über an Land. Im Frühjahr wandern die Bergmolche zu Tümpeln und Teichen, um sich dort fortzupflanzen.

Nach der Paarung, die im Wasser stattfindet, legt das Weibchen bis zu 250 Eier an Wasserpflanzen ab. Daraus schlüpfen die Larven, die im Wasser leben und wie Fische über Kiemen atmen. Innerhalb von drei Monaten wachsen sie zu voll entwickelten Molchen heran und gehen an Land.

Ein Bergmolch im Wasser

Kammmolch

Größe: 14 bis 18 cm
Beobachtungszeitraum: März
bis Oktober

Merkmale

Der Kammmolch ist die größte bei uns heimische Molchart. Er gilt in ganz Europa als geschützt. Seine Grundfarbe ist Oliv- bis Schwarzbraun. Der Bauch dagegen ist gelborange und schwarz gefleckt.

Das Männchen trägt in der Wassertracht einen hohen, gezackten Rückenkamm. Kennzeichnend ist außerdem ein weißer Streifen an den Schwanzseiten. Die Landtracht ist unscheinbar dunkelbraun bis fast schwarz.

Larve eines Kammmolches

Lebensraum

An Land bewohnt der Kammmolch Landschaften mit Hecken, Waldränder, naturnahe Gärten und Parkanlagen. Als Laichgewässer bevorzugt er sonnenbeschienene Tümpel, Weiher und Gräben mit vielen Unterwasserpflanzen.

Schon gewusst?

Kammmolche leben räuberisch. Im Wasser suchen sie am liebsten nach kleinen Krebsen, Libellenlarven sowie Eiern und Larven anderer Amphibien. An Land lassen sie sich Würmer, Nacktschnecken und Insekten schmecken.

Im Frühjahr wandern die Kammmolche zu ihren Fortpflanzungsgewässern. Nach der Paarung legt das Weibchen 200 bis 350 Eier. Es platziert jedes Ei einzeln in ein Blatt von Wasserpflanzen, das vorher wie eine Tüte gefaltet wurde. Die Larven brauchen etwa vier bis fünf Monate, bis sie sich in Molche verwandeln und das Wasser verlassen.

Naturquiz

Wie gut du dich mit Wildtieren aus-
kennst, kannst du bei diesem Wissens-
test überprüfen! Die Lösungen findest
du auf Seite 80.

*1. Wozu braucht der Luchs seine lan-
gen Ohrpinsel?*

a) Er kann dadurch im dichten Wald
besser hören.
b) Er kann damit lästige Insekten vertreiben.
c) Die Männchen wollen damit die
Weibchen beeindrucken.

*2. Wo legt das Kammmolch-Weibchen
seine Eier ab?*

a) In durchsichtigen Beuteln zwischen
Steinen
b) Am Gewässerufer auf dem Boden
c) In Blättern von Wasserpflanzen, die
es vorher zu Tüten faltet

*3. Wie finden Fledermäuse ihre Beute
in der Dunkelheit?*

a) Aufgrund ihrer besonderen Augen-
linsen
b) Mithilfe von Ultraschallwellen
c) Dank ihres ausgezeichneten Ge-
ruchssinns

*4. Wie wehrt die Ringelnatter ihre
Angreifer ab?*

a) Sie stellt sich einfach tot.
b) Sie wirft ein Stück von ihrem
Schwanz ab.
c) Sie spuckt den Feind an.

*5. Warum suhlen sich Wildschweine im
Schlamm?*

a) Die Fressfeinde nehmen dann ihren
Geruch nicht wahr.
b) Dadurch gefallen die Männchen den
Weibchen besonders gut.
c) So befreien sie ihr Fell von Parasiten.

*6. Woher hat die Blindschleiche ihren
Namen?*

a) Von ihrer besonders glänzenden
Schuppenhaut
b) Weil sie Augen besitzt, aber nicht
sehen kann
c) Weil sie überhaupt keine Augen
besitzt

7. Welche Tiere haben keinen „Spiegel" am Hinterteil?

a) Rotwild
b) Rehwild
c) Steinböcke

8. Wo baut das Hermelin sein Nest?

a) In unterirdischen Gängen, die es selbst gräbt
b) Auf Bäumen und in Astgabeln
c) In verlassenen Bauen von Maulwürfen, Hamstern oder Kaninchen

9. Wie verbringt der Braunbär die kalte Jahreszeit?

a) Er streift durch die Wälder und sucht nach Nahrung.
b) Er hält eine Winterruhe in einer Fels- oder Erdhöhle.
c) Er hält Winterschlaf und wacht erst im Frühjahr auf.

10. Warum hat die Erdkröte Drüsen hinter den Augen?

a) Sie kann damit besonders gut hören.
b) Die Männchen können damit Geräusche erzeugen, die die Weibchen anlocken.
c) Die Drüsen sondern Hautgifte ab, mit denen die Kröte Feinde abwehrt.

11. Wie kam der Siebenschläfer zu seinem Namen?

a) Er wacht während des Winterschlafs alle sieben Tage auf, um etwas zu fressen.
b) Er hält mindestens sieben Monate lang Winterschlaf.
c) Sein Herz schlägt während des Winterschlafs nur siebenmal pro Minute.

12. Wie schützt der Biber seine Augen unter Wasser?

a) Er hat ein durchsichtiges Augenlid.
b) Er schließt die Augen und schwimmt nach Gehör.
c) Er behält seinen Kopf immer über Wasser.

Erklärungen

Aalstrich: Bei vielen Säugetieren ein dunkler, schmaler Längsstreifen auf dem Rücken

Echoortung: Erkennung der Lage von Gegenständen, indem Ultraschallwellen ausgesandt und wieder zurückgeworfen werden

Giftzähne: Hohle Fangzähne bei Giftschlangen, die mit Giftdrüsen verbunden sind. Damit spritzt die Schlange ihrer Beute Gift ein, um sie zu lähmen oder zu töten.

Kältestarre: Der Zustand, in den wechselwarme Tiere im Winter fallen, wenn die Temperatur der Umgebung so niedrig ist, dass sie nicht mehr aktiv sein können

Kobel: Nest der Eichhörnchen und der Haselmäuse

Landtracht: Bezeichnung für das Aussehen der Molche außerhalb der Fortpflanzungszeit

Lebend gebärend: Die Jungen entwickeln sich vollständig im Mutterleib und kommen dann zur Welt.

Nachtaktiv: Bezeichnung für Tiere, die während der Dunkelheit aktiv sind und auf Beutefang gehen

Nagezähne: Lange, meißelförmige Zähne im Ober- und Unterkiefer verschiedener Säugetiere, zum Beispiel bei Nagetieren

Ohrpinsel: Haarbüschel an den Ohren von Eichhörnchen und Luchs, die im Winter länger und dichter werden

Rudel: Zusammenschluss von mehreren Tieren zu einer Gruppe

Sasse: Flache Bodenmulde, die Feldhasen als Nest und Versteck dient

Schallblasen: Dehnbare Ausstülpungen der Haut bei vielen männlichen Froschlurchen. Die Männchen erzeugen damit besondere Rufe, um die Weibchen anzulocken.

Spiegel: In der Jägersprache der weiße bis gelbliche Fleck am Hinterteil von Rehen und Hirschen

Tagaktiv: Bezeichnung für Tiere, die nur tagsüber unterwegs sind und sich abends zur Ruhe begeben

Wassertracht: Das „Hochzeitskleid" der Molchmännchen. Die Wassertracht ist auffällig gefärbt und zeigt Hautsäume oder Rückenkämme. Sie wird zur Paarungszeit ausgebildet.

Winterruhe: Der Zustand, der bei manchen Säugetieren im Winter einsetzt. In dieser Zeit arbeitet ihr Stoffwechsel langsamer. Die Tiere schlafen viel, wachen aber mehrmals während des Winters auf, um ihre Vorräte zu fressen oder Beute zu jagen.

Wechselwarm: Bezeichnung für Tiere, deren Körpertemperatur nicht gleichbleibend ist, sondern immer so hoch wie die der Umgebung. Amphibien, Reptilien, Fische und Insekten sind wechselwarm.

Winterschlaf: Schlafähnlicher Zustand, in den manche gleichwarmen Tiere in der kalten Jahreszeit fallen. Sie verbringen diese Zeit schlafend und zehren von ihren Fettreserven.

Naturschutz und Rote Liste

Die Natur bietet nicht nur schöne Pflanzen, Tiere und Landschaften, sondern ist für uns Menschen auch die Grundlage unserer Existenz.

Achte auf geschützte Gebiete!

Doch je stärker die Bevölkerung wächst, desto mehr wird die Natur auch genutzt und belastet. Deshalb muss sie gezielt geschützt werden. Trotz aller Bemühungen sind viele Pflanzen und Tiere bis heute vom Aussterben bedroht.

Pflücke keine Pflanze und fange keine Tiere, die du nicht kennst. Es könnten geschützte Arten sein. Wenn du wissen willst, welche Arten besonders oder sogar streng geschützt sind, schaue auf der Internetseite www.wisia.de nach.

Etwas ganz Besonderes ist die Rote Liste. Sie wird auch als Fieberthermometer des Naturschutzes bezeichnet. In der Roten Liste verraten uns Experten, welche Pflanzen- und Tierarten bei uns so stark im Bestand zurückgehen und nur noch so selten vorkommen, dass diese Arten bald aussterben könnten – wenn wir uns nicht um sie kümmern. Solche Arten kommen dann auf die Rote Liste gefährdeter Arten. Und Rot bedeutet einfach: Achtung! Aufpassen!

Willst du mehr über unsere Natur und ihren Schutz erfahren, dann mach mit bei den Naturdetektiven des Bundesamtes für Naturschutz. Gehe im Internet einfach auf die Seite www.naturdetektive.de.

Unsere Erde bedarf eines besonderen Schutzes.

Register

Lösungen

1 a), 2 c), 3 b), 4 a), 5 c), 6 a), 7 c), 8 c), 9 b), 10 c), 11 b), 12 a)

Bildnachweis

dpa Picture-Alliance, Frankfurt: dpa 41 o., 44 u., 48 r., 52 l., 59 m., OKAPIA KG 21, 22 o., 39 m.l., 40 o., u., 41 u., 43 o., u., 45 u., 46 o., 46 m.l., 47 r., 48 l., 51 l., 58 r., 58 l., 72 u., 77 o.r., picture-alliance 45 o.l., 47 l., 72 o.l., 73 o., united-archives/mcphoto 22 u.l., ZB 55 o. **iStockphoto.com:** Broadbent, Paul 38 o., Green, Mark 20 o., Isselée, Eric 63 o., Prill Mediendesign & Fotografie 64 o. **Lidman Production, Stockholm:** 27 u. **www.fotolia.de:** Accent 26 o., 35 l., adisa 3, arnowssr 9 u., Berg, Martina 13 u.r., 14 o., BildPix 25 o., Burckhardt, Ilka 17 o., Burkard, Sascha 37 o.l., CHILLINGWORTH, NEIL 61 u.l., 77 u.l., ChriSes 69 u., ChristopheB 51 r., Close Encounters 53 o., derWehner 37 o.r., Düren, Alexander von 70 m.r., Durst, Otto 29 u.l., DWP 18 o., Eggermann, Peter 61 u.r., 63 u., Fliedia 46 m.r., fotoreisen.com 36 o.r., 75 r., FotoViaggiSport.it 28 o., Freehand 42 o.l., Goruppa, Sergey 44 o., hakoar 38 m., u., Himmelssturm 36 u., Hofmann, Markus 65 o.r., Howard, Ronnie 12 u., Isselée, Eric 4, 6 o., u.l., 13 o., 16 o., 23 o.l., 27 o., 30 o., 34 l., r., 49 o.r., 50 o., 54 o.l., 74 o., 76 u.l., o.r., u.r., Jahn, Jost 8 m.l., johann35 71 o.l., Karina LS 18 m.l., Klaußner, Xaver 14 m., Klingebiel, Jens 11, Koller, Katrin 69 m., Kropp, Marty 12 o.l., 35 o., kyslynskyy 42 o.r., Lange, Harald 25 u.r., makuba 61 o., 62 o., 70 o., manubelin 59 o., Mäusefänger 15 u.r., 24 o.l., 26 u.r., Meyer, Carsten 71 u., mihailzhukov 19 m., u., mite 39 u., Monn, Ervin 31 o.r., Möthrath, Angelika u.l., Mutch, Steve 20 u., Neuhold, Kai Michael 66 u.r., Neumann, Joachim 31 o., 35 u., Pix-ler 19 o., Rathgens, Martina 70 m.l., Ray 65 o.l., Richter, Stefan 60, Rivero, Eduardo 33 u., Roussel, Adrien 7 o., Salatian, Lida 68 o.l., sekulic, kristian 78 u., Smeets, Freddy 51 o., Smith MD, Carolina K 7 u., Staib, Wolfgang 66 u.l., steinberg, franck 9 m., Swadzba, M.R. 72 o.r., thier 28 u., Tomashko 68 u., Twilight_Art_Pictures 25 u.l., Vandoorne, Luna 67, vchphoto 30 u., 36 o.l., Wey, Peter 16 u.r., 32 o., u., Zolran 55 u. **www.pixelio.de:** Adler, Jürg 28 m., 76 o.l., Barth, Sigrun 45 o.r., beelze 10 l., Bolliger, Hanspeter 29 o., Dierlamm, Stephan 62 u.r., Domnik, Kurt F. 49 u., Dudla, Johann 39 u., Eberhardt, Hermann 53 m., Echino 66 o., 74 u., Frühling, Friedrich 57 o., Haugk, Dieter 12 o.r., 15 u.l., 16 u.l., 22 u.r., 49 o.l., 53 u., Ibefisch 31 u., Kellermeister 37 u., Klemme, Jörg 8 u.r., knipseline 10 u.r., Kranz, Ingrid 50 u., Kröner, Marco 62 u.l., Mensi 54 o.r., 77 u.r., Meschuh, René 68 o.r., Nowack, Jutta 71 o.r., Nowak, Udo 65 o., Paprotka, Birthe 24 o.r., Pfeiffenberger, Daniel 63 m., Plutzkat, Hans-Joachim 10 o.r., Rose, Ernst 24 u., smithy 23 u., Struck, Thomas 27 m., Templermeister 17 u.l., u.r., 26 u.l., Wengert, Thorben 78 o., zaubervogel 42 u. **Sonstige:** Urheber: Altenkamp, R., Lizenz: cc-by-sa 52 r., Urheber: Bartz, Richard, Lizenz: cc-by-sa 69 o., Urheber: Gäbler, Michael 15 o., Urheber: Kübelbeck, Armin, Lizenz: cc-by-sa 50 m., Urheber: Noodle snacks, Lizenz: cc-by-sa 33 o., Urheber: Spaans, Piet, Lizenz: cc-by-sa 73 u., Urheber: Then, Thomas 29 u.r.